절약도 공부가 필요해

절약도 공부가 필요해

2021년 6월 2일 초판 1쇄 인쇄
2021년 6월 9일 초판 1쇄 발행

지은이 | 이하림
펴낸이 | 이종춘
펴낸곳 | (주)첨단

주소 | 서울시 마포구 양화로 127 (서교동) 첨단빌딩 3층
전화 | 02-338-9151
팩스 | 02-338-9155
인터넷 홈페이지 | www.goldenowl.co.kr
출판등록 | 2000년 2월 15일 제2000-000035호

본부장 | 홍종훈
편집 | 오누리
전략마케팅 | 구본철, 차정욱, 나진호, 이동후, 강호묵
제작 | 김유석
경영지원 | 윤정희, 이금선, 최미숙, 정유호

ISBN 978-89-6030-577-9 13320

• BM 황금부엉이는 (주)첨단의 단행본 출판 브랜드입니다.

황금부엉이에서 출간하고 싶은 원고가 있으신가요? 생각해보신 책의 제목(가제), 내용에 대한 소개, 간단한 자기소개, 연락처를 book@goldenowl.co.kr 메일로 보내주세요. 집필하신 원고가 있다면 원고의 일부 또는 전체를 함께 보내주시면 더욱 좋습니다. 책의 집필이 아닌 기획안을 제안해주셔도 좋습니다. 보내주신 분이 저 자신이라는 마음으로 정성을 다해 검토하겠습니다.

절약도 공부가 필요해

돈의 속성을 파악하여 삶의 가치를 높이는

이하림 지음

BM 황금부엉이

삶에는
공부가 필요하다

저는 서른다섯 살까지 경제가 무엇인지, 경제를 일상에 어떻게 적용해야 하는지 전혀 관심을 두지 않고 살아왔습니다. 돈에 대해 진지하게 알려고도 하지 않았기에 '소소하게 벌어 소소하게 쓰면 되겠지'라는 낙천적이면서도 안일한 자세로 삶을 살았습니다. 하지만 두루뭉술한 계획만으로 살다 보니 버는 돈보다 쓰는 돈이 더 많아 어려움을 겪을 때가 종종 있었습니다.

결혼 후 신혼생활을 시작했던 반지하 작은 집에서 6년을 살고 나니 햇볕이 들어오는 집으로 이사 가고 싶은 마음이 간절하였습니다. 더 나은 주거공간으로 이사를 하려면 돈이 필요합니다. 어떻게 하면 돈을 모을 수 있는지, 경제는 대체

뭔지 구체적인 방법을 알고 싶었습니다. 그래서 경제 공부를 시작하였습니다. 가난 때문에 고통을 겪어 본 사람은 미래를 향한 절박함이 있습니다. 최선을 다해 돈을 모으려 노력하고 그렇게 얻은 부는 쉽게 무너지지 않습니다.

20대 때 저는 경제 분야의 책은 마냥 복잡하고 어려워 보여 소설과 에세이만 골라 읽었습니다. 그때의 저를 생각하며 누구라도 가벼운 마음으로 경제를 접할 수 있도록 쉽게 글을 풀어 보았습니다. 편하게 의자에 기대어 간식을 먹으며 혹은 산책을 하다가 잠시 쉬며 읽을 수 있는 글이기를 바랍니다. 제 글을 읽고 소비, 저축, 투자, 경제 등 그 어떤 것이라도 한 번쯤 생각해 보는 계기가 된다면 좋겠습니다.

이 책은 세 파트로 이루어져 있습니다.

1장에서는 경제란 무엇이며 어떻게 하면 돈을 저축하고 불릴 수 있는지에 대해 적어 보았습니다. 사전에서는 경제를 '인간의 생활에 필요한 재화나 서비스를 만들고, 나누고, 쓰는 모든 활동과 그 활동을 둘러싼 질서나 제도'라고 정의하고 있습니다. 의식하지 못하지만 우리는 매일 다양한 경제 활동을 하며 살아가고 있고 죽을 때까지 경제 활동을 할 것입니다. 그러므로 경제 공부는 일찍 시작할수록 좋고 경제적 자립을 위해 한 살이라도 젊을 때 최선을 다하는 태도가 필요합니다.

2장에서는 일상 속에서 쉽게 절약할 수 있는 소소한 방법들과 절약의 중요성에 대해 적어 보았습니다.

"넌 조선 시대 사람이니? 집에 텔레비전도 없고 전자레인지도 없고 커피포트도 없고. 불편해서 못 있겠다." 엄마가 저희 집에 놀러 올 때마다 하시는 말입니다.

그럴 때마다 저는 씩 웃으며 엄마에게 대답합니다.

"엄마, 미안. 난 이게 편해서. 근데 엄마네는 한 달 전기요금이 얼마 나온다고 했지?"

저도 흥청망청 돈을 쓰며 살았던 적이 있었습니다. 월급이 그리 많지도 않았는데 사고 싶은 것은 다 구입하며 별 계획 없이 살았습니다. 그러다 미니멀리즘을 만나고 경제 공부를 시작하게 되면서 돈을 대하는 생각이 바뀌었습니다. 적은 돈이라도 소중히 여기는 마음을 갖게 되었다고나 할까요. 노년의 삶도 구체적으로 꿈꾸게 되었습니다. 검소한 삶을 지향하며 조금씩 절약하는 습관을 기르기 시작했는데요. 처음엔 힘든 부분도 있었지만 하다 보니 이게 또 재밌어지더라고요. 게다가 절약은 환경 보호에도 작은 보탬이 되니 보람을 느끼기도 합니다.

3장에서는 삶의 가치에 대해 적어 보았습니다. 우리는 자본주의 사회 속에 살고 있기 때문에 경제에 대해 잘 알 필요가 있습니다. 보통 자본주의 하면 가장 먼저 돈을 떠올리게 됩니다. 하지만 우리가 돈을 버는 이유는 나만 잘 먹고 잘살기 위해서가 아닙니다. 우리는 사회 속에서 사람들과 관계를 맺으며 서로 돕고 살아갑니다. 그렇기에 인생에서 겪는 많은 어려움도 가족 혹은 이웃과 엮여 있습니다. 아무리 돈이 많아도 인간이 겪게 되는 실존적 외로움은 누구도 해결할 수 없습니다. 그것은 스스로 감당해야 할 무게입니다. 하지만 가족과 이웃이 있다면 그 짐을 짊어지고 살아갈 힘을 얻습니다. 가족이나 이웃과 친밀한 관계를 형성하고 삶의 목적을 분명하게 세운다면, 검소하고 절제된 생활 방식에서도 만족을 느끼는 기적이 일어납니다.

차례

3장 마음 공부

경제
공부

돈
어느 정도 필요한 것

풍족한 자본이 나의 존재를 대신하거나 나를 가치 있는 사람으로 만들어 주지는 않습니다. 하지만 돈은 구덩이에 빠졌을 때 잡을 수 있는 밧줄이 되어 줄 수는 있습니다. 삶은 생각보다 길고, 끝없이 걸어가야 하는 인생길에서 몇 번의 절벽을 만나게 될지는 아무도 모릅니다. 그렇기에 우리는 최선을 다해 튼튼한 밧줄을 엮어 내야 합니다.

제 최고의 단짝 친구는 남편인데요. 남편이 출근하면 혼자 청소하고 스트레칭하고 밥하고 책 읽고 글을 쓰며 남편이 어서 퇴근하면 좋겠다고 생각합니다. 가끔은 심리적 압박을 주기 위해 회사로 마중을 가 오후 5시 55분부터 기다리기도 합니다. 주말 내내 즐겁게 함께 놀다가도 월요일만 되면 남편은 냉정하게 회사로 출근합니다. 왜 그럴까요? 남편 말에 따르면 '돈을 벌어야 맛있는 걸 사 먹을 수 있기'때문입니다.

돈이란 무엇일까요? 대부분의 사람은 돈으로부터 자유롭지 못합니다. 또 돈으로 행복을 살 수 없다고도 합니다. 하지만 돈을 어떻게 쓰느냐에 따라 상황을 개선할 수는 있습니다. 만약 돈이 많다면 몸이 아플 때 과감히 직장을 쉴 수도 있고, 현실이 지긋지긋할 때 어디로든 훌쩍 떠나 휴식을 취할 수도 있습니다. 연로하신 부모님께 용돈을 드릴 수도 있고 힘들어하는 지인에게 근사한 식사를 대접할 수도 있습니다. 돈은 현재와 미래에 대한 걱정을 덜어 줄 수 있습니다. 돈이 있으면 시간과 공간을 확보할 수도 있습니다.

영국 작가인 버지니아 울프는 《자기만의 방》이란 에세이에서 "역사적으로 여성이 빛을 발하지 못했던 것은 돈과 자기만의 방이 없었기 때문이다. 사색하고 글을 쓰려면 누구나 휴식과 한가로움이 필요하다. 여성이 자기계발을 위해서는 1년에 500파운드와 자기만의 방이 필요하다"라고 토로하였습니다. 자유로운 삶을 위해서는 예나 지금이나 어느 정도의 돈이 필요하다는 걸 말해 줍니다.

돈 많은 인생이 성공한 인생은 아닙니다. 하지만 경제적으로 풍요로우면 삶의 만족감과 평온함이 상승할 가능성이 많아집니다. 돈 자체가 나쁜 것이 아니라 돈에 집착하거나 돈이 많아졌을 때 생기는 탐욕과 거만함이 나쁜 것입니다. 힘들게 번 돈을 함부로 쓰지 않고 나의 꿈을 위해 활용하고, 사회 발전을 위해 환원할 수 있다는 것을 생각해본다면 돈이 없는 것보다는 많은 것이 낫습니다. 우리 삶에서 돈은 정말 중요합니다. 책을 읽다 보면 돈보다 더 중요한 것이 있다며 자꾸 정신적인 부분만 강조합니다. 소설에 등장하는 부유한 사람은 종종 허세가 심하거나 돈밖에 모르거나 돈으로 모든 걸 평가하는 것으로 그려집니다. 돈이 많아도 불행한 사람들을 자꾸 그려 냅니다. 하지만 현실에서, 가정에 생기는 여러 가지 갈등의 원인은 부족한 돈 때문인 경우가 많습니다.

  우리는 돈에 관해 언급하는 걸 꺼립니다. 돈에 대해서도 잘 생각하지 않으려 합니다. 하루 벌어 하루 살기 바쁘니 미래를 걱정만 할 뿐입니다. 미래는 아무도 예측할 수 없기에 내가 아무리 노력해도 해결할 수 없는 상황을 만날 수도 있습니다. 만약 노년이 되었을 때 돈이 한 푼도 없다면 정부에서 지원하는 최저 생계비를 받아 살아갈 수 있습니다. 하지만 그렇게 된다면 우리가 가진 여러 욕구와 에너지는 빛을 잃어버릴 가능성이 높습니다. 자립할 수 있어야 주체적이고 주도적으로 자신의 삶을 살아나갈 수 있다고 생각합니다. 아무리 보조를 받는다 하여도 국가는 우리의 노년을 절대 책임져

1장. 경제공부

주지 못합니다. 공짜 점심을 바라면 안 됩니다. 육체 노동이든 정신 노동이든 돈을 벌 수 있을 시기에 돈에 관심을 가지고 공부를 해야 합니다. 최소한의 대비라도 해 놓아야 최악의 상황에서 다시 일어설 수 있습니다.

예전에 저는 정신적인 풍요를 중시하고 물질적인 부분은 관심을 적게 두며 살아왔습니다. 가난해도 물질 욕심이 별로 없었기에 그럭저럭 만족한 삶이었습니다. 그러다 남편을 만나 결혼을 하게 되었는데요. 저도 가난했지만 남편도 저 못지않게 가난했기에 흔히 결혼의 필수요소라고 하는 스튜디오 촬영, 비싼 웨딩드레스와 결혼 메이크업을 모두 생략하였고 결혼 액자조차 맞추지 않은 채 간략하게 결혼식을 올렸습니다. 서울에 터를 잡고 방 두 칸짜리 빌라에서 전세로 신혼생활을 시작했는데요. 빌라는 곧 쓰러질 것 같았고 자동차도 없었지만 자존감은 매우 높았기에 그런 것들은 전혀 문제가 되지 않았습니다. 하지만 문제는 다른 데 있었는데요. 바로 햇빛이었습니다.

저는 아침 6시 30분에 일어나고 밤 11시에 잠자리에 듭니다. 해를 좋아하여 햇살 아래 얼굴을 내밀고 다니며 기미나 주근깨가 생기는 걸 두려워하지 않습니다. 하지만 신혼집은 방 안으로 햇빛이 거의 들어오지 않았습니다. 햇빛을 당연하게 여기며 살아오다 햇빛이 들어오지 않는 곳에 몇 년을 살다 보니 돈에 관심이 생기기 시작했습니다. 돈이 있어야 햇빛이 들어오는 집으로 이사를 갈 수 있으니까요.

그전까지는 막연히 돈을 '아껴 쓰면 되지' 생각하고 구체적인 계획을 세우지 않았습니다. 하지만 경제 공부를 해 보니 돈이 새롭게 보였습니다. 불안은 무언가에 대해 정확하게 알지 못할 때 생겨납니다. 돈에 대해 알게 되면 돈이 없다고 걱정하거나 돈에 휘둘리기보다는 돈을 모을 수 있는 방법을 궁리하고 이 상황을 어떻게 헤쳐 나갈 수 있을지 모색하게 됩니다. 현재를 어떻게 꾸려야 할지, 미래는 어떻게 살 수 있을지 그림이 그려지기 시작합니다. 1인 가구나 2인 가구일수록 마음만 먹는다면 돈을 모으기 수월합니다. 가정을 꾸려 자식이 생기면 본인이 아무리 노력해도 나가야 하는 돈이 끊임없이 발생하거든요. 가족과 친구는 돈보다 훨씬 소중합니다. 하지만 돈 관리를 잘못하면 남은 인생을 망칠 수도 있습니다. 그렇기에 돈 공부는 일찍 시작할수록 좋습니다.

경제 상식
매일 조금씩, 조금씩

경제를 배운다는 건 내가 일을 하여 번 돈의 수입과 지출을 관리할 수 있는 능력을 배우는 것과 같습니다. 사회에서 돈이 흘러가는 구조와 내 수중에 있는 돈의 순환을 이해하게 되면 복잡하게만 느껴졌던 삶이 순식간에 간결해집니다.

배스킨라빈스, 던킨도너츠, 스타벅스, 폴로, 토리 버치, 캘빈 클라인, 샘소나이트, 페이스북, 구글, 토이저러스, 코스트코, 위워크, 테드, 조지 소로스, 록펠러, 폴 새뮤얼슨, 알베르트 아인슈타인, 벤 버냉키, 앨런 그린스펀, 스티븐 발머… 여기서 질문하겠습니다. 위에 언급된 브랜드나 인물의 공통점은 무엇일까요? 맞습니다. 모두 유대인이 세운 기업이고 세계적으로 유명한 유대인입니다. 유대인은 1500만 명으로 전 세계 인구의 0.2%에 불과합니다. 한국의 인구는 북한을 포함하면 약 8,000만 명으로 전 세계 인구의 1.2%를 차지하고 있습니다. 이스라엘 영토는 남한의 5분의 1 정도입니다. 한국인의 평균 지능지수는 106으로 세계 손꼽히는 수준이지만 이스라엘의 IQ는 94로 세계 45위라고 합니다.

인구, 영토, 지능지수로 따지면 한국인이 유대인보다 월등히 앞서지만 현실은 다소 다른 결과를 보여 줍니다. 유대인 브랜드는 우리 생활 깊숙이 들어와 있습니다. 우리가 먹고, 마시고, 입고, 접속하는 제품 중 상당 부분이 유대인과 관련되어 있습니다. 우리가 즐기는 문학, 음악, 미술, 영화 등의 예술분야에서도 위대한 유대인 예술가를 쉽게 찾을 수 있지요. 유대인은 특히 경제와 금융 분야에서 두각을 나타냅니다. 노벨 경제학상의 40%가 유대인이고, 전 세계 억만장자의 30%가 유대인이며, 미국 100대 기업의 40%가 유대인 소유입니다.

유대인은 돈의 속성을 잘 아는 민족입니다. 그렇다면 왜 유대인들 중에는 부자가 많을까요? 그들은 태어날 때부터 우리와 다르게 태어나는 것일까요? 아닙니다. 유대인들도 평범하게 태어나나 어릴 때부터 철저한 경제교육을 받기에 부자가 될 수 있는 자질이 생기는 것입니다. 유대인 부모는 아무 이유 없이 용돈을 주지 않습니다. 아이가 집안 청소나 심부름 등으로 가사를 도우면 그 노동의 대가로 용돈을 줍니다. 성실하게 일을 해야 돈을 벌 수 있다는 인식을 심어 주는 것이지요. 또한 상업 활동은 긍정적이라고 가르칩니다. 아이 스스로 주스와 쿠키를 만들어 집 앞에서 팔게 함으로써 정직한 이윤 추구는 바람직하다는 가치를 심어 줍니다. 또한 스스로 번 돈을 가치 있게 쓰도록 교육합니다. 돈은 꼭 필요하지만 잘못 사용하면 안 된다는 걸 교육시킵니다.

유대인에게 기부는 의무와 같습니다. 이 기부를 '쩨다카(정의, 올바름이라는 뜻)'라고 합니다. 유대인은 물질적 기부나 육체적 봉사를 삶의 필수 요건으로 생각하기에 자녀들에게 선행의 필요와 중요성을 항상 이야기합니다. 어린아이는 용돈을 절약하거나 물건을 팔아 쩨다카를 실천합니다. 유대인은 부가 돌고 돈다고 생각하기에 남에게 베푸는 만큼 자신에게 돈이 돌아온다고 믿습니다. 그렇기에 부를 축적하는 것은 자신에게 유익할 뿐만 아니라 사회도 이롭게 하기에 좋은 것이라 생각합니다. 유대인은 돈을 숭배하는 게 아니라 다스리는 법을 가르칩니다. 부자를 존경하고 수많은 일자리를 창출하는 기업을 감사하게 생각합니다. 돈에 대한 관점이 어렸을 때부터 긍정적으로 세워져 있기에 부지런히 일해 번 돈을 존중하고 소중히 여기며 가치 있게 쓰려 노력합니다.

제가 유대인 경제교육을 공부하며 가장 부러웠던 점은 '비 쯔바'라 불리는 유대인 성인식 행사였습니다. 유대인 아이들은 여자는 12세, 남자는 13세에 성인식을 행하고 이때부터는 종교 차원에서 성인으로 인정을 받게 됩니다. 아이들은 성인식을 치르기 전 1년 동안 유대교의 종교 의례를 수행할 수 있도록 부모에게 교육을 받습니다. 그리고 성인식을 하는 날 소년과 소녀는 부모와 하객에게 축의금을 받습니다. 《유대인 하브루타 경제교육》에 따르면 적게는 2만 달러에서 많게는 10만 달러 정도가 축의금으로 들어오는데 평균적으로 5만 달러(5,500만 원 정도)를 받는다고 합니다. 아이는 이 축의금을 어떻게 할 것인지 부모와 의논한 후, 은행에 돈을 넣거나 주식에 투자하는데, 이를 통해 어떻게 이자가 붙고 세금이 매겨지는지, 그리고 주식 투자에서 손실과 배당금은 어떻게 결정되는지 등을 경험하며 실물 경제 논리를 알게 됩니다. 이 돈은 아이가 성인이 되었을 때 경제적 자립을 위한 종잣돈으로 주어집니다.

　이에 반해 한국은 어떤가요? 한국의 많은 부모들은 세상을 살아가는 데 가장 중요한 경제 교육은 제쳐 두고 아이가 공부에만 집중하기를 바랍니다. 부모가 가족의 부양을 위해 땀 흘려 일하는 것이 당연한 것처럼, 아이가 미래의 꿈을 이루기 위한 자질을 갖추기 위해 열심히 공부하는 건 당연한 의무입니다. 하지만 그렇다고 스스로 해야 하는 영역(방 청소, 심부름 등)까지 부모가 대신해 준다면 아이는 성인이 되어 거친 세상과 마주쳤을 때 어떻게 해야 할지 몰라 당황할 것입니다.

저희 부모님은 공부만 하라고 숟가락으로 밥을 떠먹여 주는 스타일이 아니셨습니다. 덕분에 '내 인생은 내가 책임진다'는 자립심과 독립심은 길러졌지만 저 역시 부모님께 경제 교육을 제대로 받은 적은 없습니다. 대학생 때부터 열심히 일을 하여 돈을 벌긴 했지만 그 돈을 모으고 불려 나가야 된다는 생각까지는 하지 못했습니다. 그 부분은 아무리 생각해도 아쉽지만 어쩌겠어요. 이미 저는 어른이 되었으니 이제부터라도 부지런히 공부하는 방법밖에 없습니다. 지금이라도 경제에 눈을 뜨게 되어 다행이라고 생각합니다.

전 세계에서 몇몇 나라를 제외하면 우리가 살고 있는 세상은 자본주의 사회이기 때문에 경제를 무시하며 살 수는 없습니다. '자본주의'라는 단어를 들으면 왠지 냉혹한 느낌이 들고 부자가 가난한 자의 노동을 착취하는 사회가 연상되시나요? 그렇다면 우선 자본주의의 개념부터 재정립하셔야 합니다. 자본주의는 사유재산제에 바탕을 두고, 모든 재화에 가격을 부여하고 있으며, 이윤 획득을 위해 상품을 생산하고 소비하는 경제체제를 말합니다. 우리가 자본주의 체제에서 살고 있기 때문에 재산을 모을 수 있고, 대가를 치르고 필요한 물건을 구입할 수 있으며, 상품이나 서비스를 생산하여 팔 수도 있습니다.

공산주의는 자본주의와는 다른 개념으로 이해할 수 있습니다. 북한이 바로 이 제도를 채택하고 있는데요. 공산주의는 공동 생산, 공동 분배를 원칙으로 하여 사유재산 제도를 부정합니다. 공유재산제를 실시하여 빈부 격차를 완전히 없애는 것을 목적으로 하고 있는데요. 과연 그게 가능할까요? 공산주의를 택한 나라를 보면 그 결과가 어떠한지 정확히 알 수 있습니다. 무너진 소련의 역사가 이미 증명하고 있지요. 중국의 경우, 경제는 자본주의 체제를 선택했지만 정치는 독단적인 측면이 있기에 기업은 정부의 명령에 복종해야 합니다. 자본주의 체제에도 많은 단점이 존재하지만 인류 역사를 돌이켜 봤을 때 인류에게 편리한 경제 구조라는 사실을 부인하기는 쉽지 않습니다. 저는 자유 민주주의 국가에 태어나 자본주의 체제에서 살고 있다는 것이 큰 행운이라 생각합니다. 적당한 돈으로 공산품과 식재료를 구입할 수 있고, 땀 흘려 번 돈을 제 통장에 넣을 수 있으니까요.

우리가 자본주의 사회에 살고 있으니 경제에 대해 아는 것이 중요하겠죠. 하지만 인문대를 나와 경제는 저와 전혀 상관없다 여기며 살아왔기에 어디서부터 공부를 시작해야 할지

막막하였습니다. 경제에 관심을 가져 보자 마음먹고 처음으로 접근한 방법은 한 권의 책 읽기였습니다.

동네 도서관을 방문하여 경제 코너를 쭉 둘러본 후 가장 마음에 드는 제목의 책을 한 권 골라 읽기 시작했습니다. 한 권의 책을 다 읽고 나면 책에서 언급했던 내용 중 관심이 가는 분야의 책을 골라 읽어 나갔습니다. 예를 들어 저는《심리 계좌》를 읽은 후 빚과 대출에 대해 좀 더 자세히 알고 싶은 마음이 들었습니다. 집 앞 도서관에 가서 책 검색 창에 '빚'이라는 단어를 넣어 검색해 보니 21권의 책이 있더군요. 그중《나는 빚을 다 갚았다》라는 책 제목이 마음에 들어 그 책을 빌려 읽기 시작했습니다. 책을 읽다 보니 저자가《인생이 빛나는 정리의 마법》이란 책을 언급하고 있기에 그다음 책으로 곤도 마리에의 책을 읽어 나갔습니다. 이렇게 굴비처럼 한 권 한 권씩 지식을 엮어 가는 겁니다.

두 번째로는 신문과 인터넷 뉴스를 통해 금융 지식을 쌓아 나갔습니다. 신문을 볼 때 경제면의 제목을 좀 더 꼼꼼하게 읽었고 호기심이 가는 기사는 대충이라도 훑어보는 습관을 길렀습니다. 신문은 큼직큼직한 국제 경제 소식과 한국 정부가 경제 상황을 조절하기 위해 어떤 정책을 펴는지, 어떤 규제를 하는지 자세하게 적고 있기에 도움이 많이 됩니다. 인터넷 뉴스는 경제면 제목과 소제목만 읽어도 거의 모든 정보를 파악할 수 있습니다. 요즘 한국 경제가 어떻게 흘러가며 어디에 초점을 맞추고 있는지 쉽게 알 수 있습니다. 하루에 경제기사 하나 읽기만 실천해도 전체적인 경제 흐름의 방향을 따라갈 수 있습니다.

블로그와 카페, 유튜브를 통해서도 경제 공부를 할 수 있습니다. 수많은 재테크 카페가 있고 전문적으로 부동산이나 주식 흐름을 분석하고 글을 올리는 블로거도 많습니다. 자신에게 맞는 공간을 찾아 그동안 올라왔던 글들을 틈틈이 읽어보면 됩니다. 다른 이들은 어떻게 돈을 모으고, 아끼고, 투자하고 있는지 관찰해 보세요. 글을 읽다 보면 내가 너무 경제 공부를 너무 늦게 시작한 건 아닌가 하는 조급한 마음이 들수도 있습니다. 하지만 섣불리 투자를 하기보다는 지금 당장 실천할 수 있는 작은 것부터 해 나가는 게 좋습니다. 예를 들면 한 달간 내가 지출한 소비 내역을 담은 영수증을 모두 모아 책상에 펼쳐 놓고 하나하나 살펴보는 겁니다. 충동성 소비는 없었는지, 이미 비슷한 다른 물건이 있지는 않은지, 어느 부분에서 가장 많이 소비했는지 분석해 보세요. 초저금리 시대라 정기적금 금리가 대부분 1%도 되지 않는 것이 요즘 추세이지만 매달 만 원이나 이만 원씩이라도 저축하는 습관을 기르는 것도 중요합니다. 절약과 저축이 어느 정도 삶에서 익숙해진다면 그때는 투자를 생각해 보아도 좋습니다. 금리가 낮아지면, 장기적으로 봤을 때 저축만으로는 물가상승률을 따라가지 못하게 되니까요.

인생의 많은 부분이 그렇듯 경제 공부도 한 번에 해치울 수 있는 게 아닙니다. 달달 암기해서 시험을 통과하는 것이 아니라 내 삶에 직접 적용해 봐야 하는 특성 때문이지요. 한 달에 한 권 경제책 읽기, 서점 방문할 때마다 경제 신간 살펴보기, 경제 뉴스 한 토막 읽기, 천 원이라도 저금하기 등 꾸준하고 지속적으로 경제에 관심을 가져나가면 됩니다. 그러다 보면 조금씩 경제가 무엇인지 개념이 생기고 틀이 잡혀 갈 것입니다. 환율은 무엇인지, 왜 미국의 통화 정책이 한국 경제에 영향을 미치는지, 금리는 무엇인지, 왜 금리가 내려가면 집 값이 올라가는지 이유를 알게 됩니다.

처음에는 모든 경제책의 내용과 전문 투자자의 의견이 옳다고 생각되지만 공부를 하다 보면 수긍이 되지 않는 부분이 생겨 납니다. 독서는 우리의 시각을 넓혀 주고 새로운 세계를 보여줍니다. 너무 광범위한 정보에 휘둘릴 때는 내가 취할 부분만 취하면서 나만의 관점을 만들어 가면 됩니다. 벤저민 그레이엄, 워런 버핏, 조지 소로스, 빌 게이츠 등 세계에서 내로라하는 투자자와 사업가 들의 자서전을 읽으며 놀랐던 점은 그들이 독서를 진심으로 사랑했고 책을 통해 자신만의 철학을 세웠다는 것입니다. 책은 인간의 생각을 바꿀 수 있는 힘이 있습니다. 생삭이 바뀌면 행동이 바뀌고 행동이 바뀌면 삶도 바뀌어 갑니다. 책을 읽으며 지식이 쌓이다 보면 언젠가 인생에서 중요한 일을 결정해야 할 때 주변 상황에 현혹되지 않고 현명하게 선택할 수 있습니다.

금융 지식
이것만 알아도 반은 성공

글을 읽거나 쓰지 못하는 상태를 문맹이라 합니다. 우리는 문자를 기반으로 한 사회에 살고 있기에 만약 문맹의 상태라면 일상에서 수많은 불편함을 감수해야 할 것입니다. 이를 현재의 경제 체제로 전환해 생각해 볼 수도 있습니다. 우리는 지금 화폐를 매개체로 하는 시대에 살고 있기에 돈과 관련된 기초 지식을 배우고 나면 사는 게 한결 수월해집니다.

저는 수학을 정말 못합니다. 중학교 1학년 때 배운 소인수 분해 이후 선생님의 설명을 제대로 이해한 적이 거의 없습니다. 앞으로 내 인생은 수학 때문에 순탄하지 못하겠구나 생각한 적도 있었는데요. 다행히 지금까지는 별문제 없이 살고 있습니다. 곰곰이 생각해 보니 일상에서 주로 쓰이는 수학은 초등학생 때 배운 기본 지식만으로도 충분하기 때문인 것 같습니다. 어제도 집 앞 두부 가게에서 4,000원짜리 두부 한 모를 사며 만 원을 낸 후 6,000원을 거슬러 받았고, 떡집에서 떡볶이 떡 한 덩어리를 사며 2,500원을 척척 계산하였습니다. 식비 지출로 총 6,500원이 들었고 남은 돈은 3,500원이라고 자연스럽게 가계부를 작성할 수 있는 것은 제가 학교에서 덧셈과 뺄셈을 배웠기 때문입니다.

어느 분야에서건 최소한의 기본 지식만 알고 있어도 삶이 편해집니다. 경제 공부를 하기로 마음먹었다면 기본적인 금융 용어는 알아야 합니다. 금융 지식이 부족하면 시장에서 돈이 어떻게 돌아가고 사용되는지, 돈의 가치가 왜 오르고 내려가는지, 돈이 인간의 경제 활동과 어떤 관련이 있는지를 이해하기 어렵습니다. 여러 금융 용어들이 있지만 매우 중요하다고 생각하는 '환율'과 '금리' 딱 두 단어만 알아보도록 하겠습니다.

각 나라마다 사용하는 화폐가 다르다는 건 잘 아시지요? 한국은 원화를 쓰고 중국은 위안화를 쓰며 미국은 달러를 사용합니다. 화폐의 가치가 나라마다 다르기에 한 나라의 화폐를 다른 나라의 화폐로 교환할 때 문제가 발생합니다. 그래서 사람들은 화폐 교환 비율을 따져 환율이라는 것을 만들었습니다. 한국이 경제적으로 부유한 나라이고 외국에서 보는 경제 입지가 높다면 한국 화폐는 가난한 나라의 화폐에 비해 상대적으로 높은 가격이 매겨집니다.

저는 몇 년 전 외국의 한 도시를 여행한 적이 있었습니다. 그때 5성급 호텔의 하루 숙박비는 한국 돈으로 환산하면 12만 원 정도밖에 되지 않았습니다. 혹시 프런트에서 방을 잘못 배정해 주었나 싶을 정도로 객실이 넓었고 풍성한 조식 뷔페가 포함된 가격이었습니다. 한국 화폐가 그 나라 화폐에 비해 가치가 높았기에 비교적 저렴한 비용으로 호사를 누릴 수 있었던 것입니다. 이처럼 환율은 각 나라의 경제 사정을 고스란히 보여 주며 경제 상황을 반영하는 지표로 작동합니다. 환율은 국제 경제 흐름에 따라 차이가 나며 매일 조금씩 바뀝니다.

한국의 화폐도 가치가 있는 편이지만 세계 각국에서 가장 쉽게 통용되는 화폐는 달러입니다. 달러는 어디서든 교환이 가능하며 신용등급이 높은 화폐입니다. 달러를 선호하는 이유는 미국이 세계 최대의 경제대국이기 때문입니다. 사람들 사이에서 '설마 미국이 망하기야 하겠어.' 하는 암묵적인 믿음이 있기에 달러의 가치가 유지되는 것이지요.

금리는 돈을 빌리거나 빌려 주었을 때 붙는 이자, 또는 그 비율을 뜻하는 말로 이자율이라고도 합니다. 내가 은행에서

1년에 2%의 금리로 적금을 든다고 하면 은행에 내 돈을 1년 간 빌려주는 값으로 2%의 이자를 받게 된다는 뜻입니다. 또는 내가 은행에 2%의 이자를 내고 1년간 돈을 빌릴 수도 있습니다. 만약 내게 은행에 저축한 돈이 많다면 금리가 높을수록 좋고 대출이 많다면 금리가 낮을수록 좋겠지요. 이처럼 금리와 경제는 떼어 놓고 생각할 수 없습니다.

금리가 매우 높아지면 다른 것에 투자하는 것보다 안정적이라 생각해 여윳돈을 은행에 예금하는 것을 택하는 게 일반적입니다. 반대로 자금이 필요한 개인이나 기업은 금리가 높아 빚을 내는 것이 부담이 됩니다. 그렇게 되면 시장에서는 돈이 돌지 않아 기업에서는 매출 감소가 일어납니다. 생산과 투자도 위축되어 고용이 줄어들게 됩니다. 고용이 위축되면 가계도 타격을 입기 때문에 경기가 후퇴하고 불황이 발생할 가능성이 높습니다.

반대로 금리가 너무 낮아지면 은행에서 이자를 조금만 내도 돈을 빌릴 수 있으니 대출이 늘어나게 됩니다. 투자자는 낮은 금리를 보고 돈을 저축하기보다는 고수익이 날 수 있는 분야에 여유 자금을 투자하게 되겠지요. 특히 부동산은 대출을 끼고 구매하는 경우가 많기에 부동산 거래는 활발해질 가능성이 높습니다. 기업은 투자와 생산을 늘리게 되고 그로 인해 고용과 소비도 늘어납니다. 그러나 사회 전체를 보면 거품

현상이 일어날 위험도 있겠지요.

금리가 하락하면 현금가치가 떨어지기에 상대적으로 물가 상승(인플레이션)이 일어납니다. 예전에는 애호박 한 개에 천 원을 주고 샀는데 물가가 올라 이제는 이천 원을 줘야 합니다. 5만 원어치 장을 봐도 예전처럼 장바구니를 꽉 채우기 어려워지는 거죠. 물가가 오르면 정부는 물가를 낮추기 위해 금리를 인상해야 하는데요. 이때 국민의 부채비율이 높은 상태라면 당장 금리를 올릴 수도 없습니다. 금리가 갑자기 오르면 대출을 많이 받은 사람은 빚을 갚지 못해 파산할 가능성이 높기 때문입니다.

금리가 높아지고 낮아짐에 따라 한 나라의 경제가 들썩이기 때문에 중앙은행에서는 상황에 맞게 시중금리를 끌어내리거나 올림으로써 조절을 합니다. 때로는 시중금리가 스스로 경기를 조절하기도 하지요. 금리의 움직임에 따라 주식과 부동산까지 영향을 받으니 금리의 힘이 어마어마하지요? 달러와 마찬가지로 미국의 금리는 전 세계 금융 시장에서 기준점이 됩니다. 세계 각처의 투자 자금, 통화 정책, 교역이 미국의 금리의 영향을 받아 움직입니다. 따라서 경제 공부를 하기로 마음먹었다면 시야를 좀 더 넓혀 한국 밖의 상황도 주시하는 것이 좋습니다.

빛
우선적으로 해결해야 합니다

빚은 두 가지 의미가 있습니다. 보통 남에게 빌린 돈을 빚이라 하지만 남에게 신세진 것도 빚이라 부릅니다. 빚은 시간이 흐를수록 마음을 무겁게 내리누르는 특징이 있습니다. 빚이 내 삶을 질식시켜버리지 않도록 항상 경계해야 합니다.

한 달에 지출은 얼마나 하시나요? 빚은 얼마나 있나요? 저축은 얼마나 하시나요? 이 질문에 바로 대답하실 수 있으신가요? 경제를 공부할 때 제일 먼저 해야 할 건 현재 재정 상태를 파악하는 것입니다. 얼마를 벌든 수입에 맞춰 생계를 꾸려 나가는 것이 기본입니다. 빚을 포함한 고정비를 점검하는 과정은 고통스럽습니다. 버는 것보다 나가는 돈이 더 많으면 어쩌지 하는 불안감이 듭니다. 하지만 이 단계 없이 소비를 줄일 수 없습니다. 어디에 돈을 쓰고 있는지 꼼꼼히 살펴봐야 돈을 모을 수 있습니다.

　결혼을 하였다면 돈 문제와 관련해서는 부부가 서로 솔직하게 이야기하는 것이 좋습니다. 처음에는 돈 이야기를 꺼내는 것이 심적으로 어려울 수 있습니다. 남편 말에 따르면 신혼 초창기에 남편이 경제 사정을 이야기할 때마다 제 얼굴이 화석처럼 굳어져 되도록 돈 이야기를 꺼내지 않았다고 합니다. 하지만 돈과 관련한 문제는 그 순간을 외면한다고 해결되지 않습니다. 빚이 총 얼마인지, 매달 수입과 지출이 어떻게 되는지, 매달 어떻게 빚을 줄여 나가며 저축할 수 있을지 남편과 아내가 함께 의논해야 다음 단계로 나아갈 수 있습니다.

　재정 상태를 파악하기 전 통장 정리부터 하는 것이 좋습니다. 휴면계좌를 정리하고 꼭 필요한 신용카드와 통장만 남겨 놓으세요. 핸드폰으로 계좌정보통합관리(어카운트인포)라는 앱을 다운받으면 5분 만에 정리가 가능합니다. 본인 확인 인증을 거친 후 앱에 접속하면 그동안 자신이 만들었던 모든 예금 통장과 카드가 한 번에 조회됩니다. 포인트, 자동이체, 보험, 대출까지 모두 볼 수 있고 남은 잔액은 통장으로 바로 입금할 수도 있습니다. 저도 이 앱을 이용하여 휴면계좌를 모두 삭제하고 여기저기 남아 있던 포인트를 현금화하였습니다. 통장을 정리하다보면 뜻밖의 소득을 얻을 수도 있습니다. 저희 아빠는 계좌를 정리하다 현대카드 포인트가 20만점 쌓인 걸 발견하셨고, 남편은 까맣게 잊고 있던 통장에서 12만 원을 찾았습니다. 공돈이 생긴 셈이지요.

지출의 범주는 다양합니다. 크게 월세나 주택담보대출, 학자금 대출 상환 비용, 공공요금, 저축, 용돈, 차 할부금이나 대중교통 요금, 식료품비와 생필품비, 통신비, 보험비, 자기계발비, 미용비, 의류비, 경조사비, 회비 등으로 나눌 수 있습니다. 수많은 지출 중 매달 반드시 내야 하는 고정비를 파악해야 합니다. 고정비 파악은 쉽지 않습니다. 매달 나가는 돈이 들쑥날쑥하기 때문인데요. 지난 6개월간 지출 내역을 확인하여 꼼꼼하게 적어 보는 단계가 필요합니다. 저도 이 과정을 겪었는데 정말 괴로웠습니다. 카드 내역서를 보니 쓸데없이 자잘한 소비가 너무 많았거든요. 하지만 소비를 기록하는 행위는 낭비를 줄이고 필요한 소비만 할 수 있도록 나를 훈련시키는 기회가 되기도 합니다.

고정비를 확인하면 빚은 얼마가 남았는지, 매달 얼마가 빠져나가고 있는지 정확히 알 수 있습니다. 부채는 신용 대출과 담보 대출로 나눌 수 있는데요. 마이너스 통장, 카드론, 리볼빙, 사금융 등이 신용 대출입니다. 부동산 담보, 퇴직금 담보, 학자금, 자동차 할부 등은 담보 대출로 분류됩니다. 이

　　　　　　　　　　　　　　　1장. 경제공부

제 해야 할 건 빚을 갚는 것입니다. 저축이 먼저가 아니라 빚 갚는 게 먼저입니다. 빚은 한번 지게 되면 이자가 붙어 빠르게 불어납니다. 저축만 열심히 하고 빚 갚는 걸 뒤로 미룬다면 밑 빠진 독에 물을 붓고 있는 상황이 될 수 있습니다. 빚은 작은 항목부터 상환하는 게 효율적입니다. 빚 개수를 하나씩 줄여 나가며 성취감을 느낄 수 있고, 더 큰 빚도 갚을 수 있겠다는 자신감이 생기기 때문입니다.

저는 결혼과 동시에 대학원에 입학하였는데요. 석사 학위를 받고 나니 2천만 원의 학자금 대출이 따라오더군요. 어찌나 끈질기게 달라붙던지 학자금 대출을 모두 갚는 데 5년이 걸렸습니다. 매 학기 대출을 받을 때마다 이자를 조금이라도 줄이기 위해 원금 상환 유예기간을 두지 않고 바로 갚아 나갔습니다. 1학기는 수월했지만 4학기가 되니 갚아야 할 금액이 매달 80만 원이 되더군요. 대학원을 졸업하고 1년간 일을 하며 대출금을 갚았고 막판에는 적금을 해지하여 청산하였습니다. 갚아야 할 빚이 있다면 소비를 줄여야 합니다. 부동산 담보 대출처럼 몇십 년간 돈을 상환해야 되는 경우를 제외하면 대부분의 빚은 마음만 먹으면 몇 년 안에 갚을 수 있습니다. 빨리 갚겠다는 의지와 절제력이 필요합니다.

그렇다면 어떻게 소비를 줄일 수 있을까요? 카드 내역서를 보면 답이 있습니다. 지출한 품목을 천천히 살펴보면 줄일 수 있는 항목이 보입니다. 저희 가정의 지출을 살펴보니 식비가 가장 많은 부분을 차지하고 있었습니다. 제가 식탐이 있거든요. 카페에서 커피 마시기, 간식 사 먹기, 마트 가기, 외식하기 등에 쓴 비용이 어마어마하였습니다. 매달 카드값이 빠져나갈 때마다 어렴풋이 짐작하긴 했지만 애써 외면해 왔다는 게 맞을 겁니다.

현실을 직시하고 소비를 줄여야지 생각하면 시작도 하지 않았는데 고통스럽게 느껴집니다. 다음 달에는 외식을 줄여야지 생각하지만 마음만으로는 절대 줄지 않습니다. 지출 가능한 범위를 확실하게 정해 놓아야 합니다. 카페 지출 2만원, 장보기 20만 원, 외식 10만 원 이런 식으로 소비 예산을 세운 후 실행해야 합니다. 한 번에 줄이기는 힘듭니다. 소비도 습관이라 바로 끊기 힘들거든요. 저는 카페 비용은 즉시 줄였지만, 외식 비용은 1년에 걸쳐 조금씩 줄여 나갔습니다.

몇십 년 전만 하더라도 물건을 살 돈이 없으면 사지 않는 것이 일반적이었습니다. 현재 우리에게는 수중에 돈이 없어도 상품을 구매할 수 있는 마법의 신용카드가 있습니다. 소비를 줄이기 위한 좋은 방법 중 하나는 돈을 지불할 때마다 마음에 고통을 느끼게 만드는 것입니다. 신용카드는 당장 호주머니에서 돈이 나가지 않기 때문에 사용할 때 거부감이 없습니다. 3만 원짜리 티셔츠를 살 때 지갑에서 현금 3만 원을 꺼내 지불해야 한다면 내 돈이 줄어드는 게 바로 보이니 돈을 썼다는 기분이 듭니다. 하지만 신용카드로 3만 원을 긁으면 그 돈은 미래에 지불되기 때문에 돈을 썼다는 인식이 약해집니다. 현금을 들고 다니는 것이 가장 좋지만 불편하다면 체크카드를 사용하는 것도 좋은 방법입니다. 체크카드를 사용할 때마다 통장에 남은 잔액이 얼마인지 문자를 받는다면 쓰는 게 즐겁지만은 않을 것입니다. 돈이 줄어드는 게 눈에 보여 지출할 때 좀 더 신중할 수 있습니다.

빚도 어느 정도 갚았고, 불필요한 소비도 줄였다면 이제 저축을 할 시점입니다. 소득에서 소비 후 남는 부분이 저축이 가능한 비용입니다. 소비를 늘리면 저축이 줄어들고 소비가 줄면 저축이 늘어납니다. 지금은 소득이 너무 적으니 나중에 월급이 많아지면 그때부터 저축을 해야지 생각할 수도 있습니다. 하지만 소득이 증가하면 경계심이 약해져 쓰는 돈이 늘어날 가능성이 높습니다. 지금 저축할 힘이 없다면 미래는 더 어렵습니다. 저축은 애를 써야 가능합니다. 돈을 모으려면 꾸준한 인내가 필요합니다. 1년에 오백만 원 모으기(매달 40만 원 저축), 5년 안에 3천만 원 모으기(매달 50만 원 저축), 10년 안에 1억 모으기(매달 83만 원 저축) 등 목표를 잡아 보세요. 목표를 세우고 목표 금액을 잘게 쪼개면 목돈 만들기가 좀 더 현실적으로 느껴집니다.

젊을 때는 눈앞에 펼쳐진 삶이 암울해 보일 수 있습니다. 월급은 적고 남들은 다 잘사는 것처럼 보여 마음이 힘들기도 합니다. 제가 아는 한 20대 청년은 자기는 돈이 없어 결혼을 못할 것이라고 종종 이야기합니다. 하지만 제 주변엔 그보다 적은 월급을 받으면서도 돈을 모아 결혼을 하고 아이 둘을 키우고 있는 30대 가장도 있습니다. 똑같은 월급을 받아도 그 돈을 얼마나 가치 있게 여기는지는 사람마다 다른 것 같습니다.

저희 부부는 차가 없습니다. 할부로 차를 살 수 있고, 또 매달 대출금을 갚을 여력도 되지만 만약 차를 사게 되면 몇 년간은 저축을 포기해야 됩니다. 지금 당장의 편리함보다는 자유로운 미래의 삶을 위해 생활수준을 낮추려 노력합니다.

미래를 비관하며 쉽게 포기하기보다는 현재의 문제를 직시하며 나아가는 의지가 필요합니다. 저도 20대 때 수년간은 월급에서 월세와 헌금을 내고 남은 돈을 거의 소비하는 데 사용하였습니다. 그때는 경제에 관심도 없었고, 몇 푼 안 되는 돈을 모아서 뭘 하나 하는 생각을 했던 것 같습니다. 목돈을 만들려면 누구에게나 오랜 시간이 필요하다는 사실을 몰랐던 것이지요. 수입을 늘리려면 많은 노력이 필요하지만 지금 바로 지출을 줄이는 건 훨씬 쉽습니다.

조금씩 모아 가까스로 만든 종잣돈은 우리가 목표한 꿈을 이룰 수 있는 디딤돌이 되어 줍니다. 누군가에게 그건 유학을 가는 비용이 될 수 있고, 가게를 시작하는 비용이 될 수도 있습니다. 저처럼 햇빛이 들어오는 집을 구입하기 위한 최소한의 비용이 되기도 합니다. 저축을 하려면 실행력이 중요합니다. 이율을 따지기보다는 당장 적금 통장을 개설하는 것이 더 좋습니다. 매달 자동이체를 신청하면 돈이 자동으로 빠져나가 강제로라도 저축할 수 있습니다. 만 원이라도 적금 통장을 만들어보세요. 요즘은 인터넷으로 바로 통장을 개설할 수 있기에 저도 가끔 소액으로 2년 만기 적금 통장을 개설합니다. 그때마다 자동이체를 걸어 놓는데 워낙 금액이 자잘하다보니 적금 통장이 몇 개인지 세어 보지도 않습니다. 그렇게 잊어버리고 살다 적금이 만기가 되었으니 찾아가라는 문자를 받으면 희한하게 공돈이 생긴 것 같은 기분이 듭니다. 그렇다고 방심은 금물이지요. 적금을 찾은 돈은 대출금을 갚는 데 쓰거나 아니면 다시 저축 통장으로 곱게 되돌려 보내야 합니다.

예·적금이나 대출을 위해 금융 거래를 할 때에는 제1금융권을 주 거래처로 삼는 것이 좋습니다. 금융 기관은 제1금융권, 제2금융권, 제3금융권으로 나눕니다. 우리가 주로 이용하는 은행이 바로 제1금융권입니다. KB국민은행, 우리은행, 신한은행, 하나은행, 농협, 기업은행, 산업은행, 대구은행, 수협, 카카오뱅크 등이 있습니다. 제2금융권은 1금융권보다 규모가 작고 이느 정도 위험 부담이 있기 때문에 예·적금 금리가 제1금융권보다는 좀 더 높습니다. 저축은행, 새마을금고, 신용협동조합, 보험회사, 증권회사, 캐피탈 등이 포함됩니다.

제3금융권은 사금융이라고 불리는데요. 법적으로는 금융 기관이 아니고 대출 시 이자율이 매우 높기에 거래하지 않는 것이 좋습니다. 대부업체가 여기에 포함되며 신용점수가 낮아도 돈을 빌려주기에 주류 금융 기관에서 대출을 받기 어려운 사람도 이용할 수 있습니다. 만약 과거에 내가 3금융권을 몇 번 이용했다면 거래 기록이 남아 있기 때문에 1, 2금융권은 나와 거래하기를 꺼립니다. 대부업체에 손을 빌릴 정도였다면 신용 상황이 좋지 않다는 뜻일 테니까요. 심지어 대출 문의 전화까지도 기록에 남아 내 신용점수에 영향을 줄 수 있으니 처음부터 발을 들여놓지 않는 것이 안전합니다.

2021년부터 신용등급(1~9등급)이 폐지되고 신용점수제가 시행됩니다. 신용점수제는 신용평가사가 다양한 정보를 종합하여 개인 신용을 1점부터 1000점까지 점수로 구분하는 제도입니다. 신용점수는 그 사람이 빌린 돈을 꼬박꼬박 잘 갚고 있는지 확인하는 것이 목적입니다. 따라서 연체는 신용 점수를 떨어뜨리는 가장 큰 요인으로 소액이라도 연체하지 않도록 주의해야 합니다. 통신비, 건강보험료, 세금 등의 연체도 신용 점수에 영향을 미치니 매달 꼼꼼히 확인해야 합니다. 신용카드로 현금서비스를 받거나 리볼빙 서비스를 이용하는 건 신용점수를 떨어뜨리는 요인이 됩니다. 신용점수를 높이려면 주거래 은행을 정해 놓는 것이 좋으며 연체 금액을 상환할 경우 오래된 채무부터 갚는 것이 유리합니다. 주거래 은행의 신용카드 한두 개를 꾸준히 사용하고 불필요한 카드는 해지하면 좋겠지요. 결제는 일시불로 하고 카드 한도 사용액의 50% 미만으로만 사용하는 것도 신용점수를 높이는 방법입니다.

보험
군살 빼기가 필요합니다

보험 회사는 너그러운 자선단체가 아닙니다. 회사는 고객에게 보험금을 주면서도 어떻게 하면 이윤을 남길 수 있을지 수도 없이 계산합니다. 손해 보는 거래를 하지 않으려면 가입자도 정신을 바짝 차리고 검토해야 합니다.

신혼 초 시어머니께서 물으셨습니다.

"보험 들어 놓은 건 있니?" "아니요." "하나도 없어? 암보험은?" "없어도 될 것 같아서요." "그래도 보험은 하나 있어야지."

저는 직장생활을 하지 않아 스트레스받을 상황이 거의 없고 운동도 꾸준히 하고 있습니다. 나이가 들수록 경제 자립

1장. 경제공부

만큼 중요한 것이 체력 자립이라는 걸 절실히 느낍니다. 저는 특히 조금만 무리해도 피곤을 잘 느껴 20대부터 건강에 관심이 많았습니다. 다행히 규칙적으로 생활하고 과로하지 않으려 노력하기에 잔병치레를 한 적은 없습니다. 또한 채식 위주의 식사를 하고 있어 병에 대한 걱정도 적은 편입니다. 하지만 어머님은 몇 달 후 저를 대신하여 일반 암보험을 들어주셨고 지금까지 보험료를 내주고 계십니다. 몇 번이나 괜찮다고 하였지만 부모님 마음도 헤아려야겠지요.

보험이란 말을 정의하기는 쉽지 않지만, 크게 보면 '여러 위험을 대비하기 위한 제도'라고 할 수 있겠지요. 태어나 사고 한 번 없이 평안하게 살다 세상을 떠난다면 얼마나 좋을까요? 하지만 교통사고나 화재 같은 사고는 나만 조심한다고 되는 것이 아닙니다. 우리는 때때로 위험을 당하고 이때 금전적인 손실이 발생합니다. 보험은 사람들이 평소 돈을 조금씩 모으다 뜻밖의 사고로 커다란 손실을 입으면 그 금액을 돌려받을 수 있는 제도입니다.

일반 보험회사가 판매하는 보험은 크게 인보험과 손해보험으로 구분합니다. 인보험은 인간의 사망, 질병, 상해를 대비하는 보험입니다. 생명보험, 질병보험, 상해보험이 여기에 포함됩니다. 손해보험은 뜻밖의 사고로 재산상의 손해를 입었을 때 이를 보상해 주는 보험입니다. 자동차 보험, 화재보험, 운송보험, 해상보험이 여기에 포함됩니다.

정부에서 책임지고 운영하는 보험도 있습니다. 이를 사회보험이라 하는데요. 실업, 질병, 노령 등으로 국민이 경제적 손실을 입게 되었을 때 국가 차원에서 지급해 주는 복지 제도입니다. 국민연금, 건강보험, 산업재해보험, 고용보험, 노인장기요양보험이 있습니다.

우리는 미래에 닥칠지도 모를 위험요소에 불안을 느껴 암보험도 들고 실손 의료보험도 듭니다. 여기에 각종 질병보험을 추가로 들기도 합니다. 보험에 가입해놓으면 왠지 든든한 마음이 듭니다. 큰 사고가 나도 경제적 타격을 줄일 수 있으니까요. 하지만 보험은 한번 가입하면 보통 10년 이상 꾸준히 보험료를 내야 합니다. 그런 한편, 경제적으로 어려운 일이 생겼을 때 가급적 손쉽게 없애거나 줄이는 게 보험이기도 합니다. 명백하게 받을 수 있는 예금이나 적금과 달리 보험금은 받을 수 있을지 없을지 기약할 수 없는 돈이라는 생각이 들기 때문이지요. 하지만 보험을 만기 이전에 해약하는 경우 해약환급금은 매우 적거나 없으며 보험 회사는 이로 인해 큰 이득을 얻습니다.

사적 보험은 1년, 5년, 10년, 15년 등 어느 시기마다 갱신을 해야 하는데 계약을 연장할 때마다 보험료는 인상된다고 생각하시면 됩니다. 노년이 되었을 때 들어오는 소득이 없다면 매달 내야 하는 보험료의 부담은 더 크게 다가옵니다. 보험은 중요하지만 현재 소득에 비해 과도한 보험료를 내고 있다면 부피를 줄일 만한 보험이 없는지 점검해 볼 필요가 있습니다. 전체 가계 지출에서 보험 비용은 10%를 넘지 않는 것이 좋습니다. 또한 혜택이 중복되는 보험을 두 개나 가지고 있는 건 아닌지 확인해야 합니다. 우리는 매달 보험료를 내고 있지만 보험에 대해 정확히 알지는 못합니다. 보험사마다 혜택과 보험료가 다르고, 두꺼운 보험 약관은 쳐다만 봐도 머리가 아프기 때문입니다.

만기가 되었을 때 보험의 일부를 돌려받는 만기 환급형 상품이 정말 이득인지 따져보지 않습니다. 환급형 보험은 소멸성인 보장성 보험을 기본으로 하고 저축성 보험을 추가로 드는 것이기에 보험료가 훨씬 비쌉니다. 그 추가 비용을 보험료로 쓰지 않고 개인적으로 저축한다면 보험사에서 가져가는 수수료를 아낄 수 있고 더 많은 비용을 모을 수 있습니다.

내가 갖고 있는 보험의 갱신이 몇 년마다 이뤄지는지, 이때 보험료는 얼마나 오르는지 관심을 가져야 합니다. 보험료는 매달 고정적으로 수십 년에 걸쳐 지출하는 항목입니다. '보험설계사가 알아서 해 주겠지' 하는 마음보다는 꼼꼼하게 확인을 해보는 것이 좋습니다. 보험협회 사이트에 들어가면 자동차보험, 실손 의료보험, 보장성보험, 연금보험 등 상품별로 보험사 비교가 가능합니다. 보험에 가입하는 것은 쉽지만 보장받는 것은 어렵습니다. 가입보다 보상을 잘해주는 회사를 선택하는 것이 중요합니다.

저는 실손 보험도 없습니다. 실손 보험은 건강보험이 보장하지 않는 본인부담금을 대신 내주는 상품입니다. 남편은 20대에 실손 보험(암보험 특약)에 가입했고 계속 유지할 생각입니다. 저는 남편 회사가 가족 단체보험에 가입되어 있기 때문에 남편이 퇴직하기 전까지는 실손 보험이 없어도 어느 정도 보상을 받을 수 있습니다. 하지만 퇴직 이후엔 실손 보험도 없어지니 만약 제가 아프다면 경제적 타격을 받을 수도 있습니다. 그때는 나이가 많으니 아플 확률도 높아지겠지요. 저도 보험을 알아보고 금액을 비교하며 여러 방면으로 따져보았지만 결국 없어도 될 것 같다는 결론을 내렸습니다. 남편도 실손 보험이 전부이기에 전체 가계 지출에서 보험비가 차지하는 비중은 2%입니다.

저희 엄마는 61세에 실손 보험을 가입하셨습니다. 현재는 60세가 넘어도 특별한 질병 이력이 없으면 가입이 가능합니다. 보험에 가입한 경우 혜택을 받지 못하면 손해라는 생각이 듭니다. '언젠가는 크게 한몫 타 내야지'라는 마음이 생길 수도 있습니다. 통원 치료가 가능한데도 자꾸 입원을 하려고 하고, 이것저것 치료를 받으려는 현상도 그런 심리 때문이 아닌가 싶습니다. 몇몇 병원의 과잉 진료도 어느 정도 책임이 있겠지요.

한국은 국민건강보험이 잘되어 있는 편입니다. 큰 병에 걸려 수술을 받은 지인들에게 병원비가 얼마 나왔냐고 물어보면 생각보다 적은 금액이라 놀랄 때가 많습니다. 그럼 왜 사보험을 드는 거냐고 물었더니 보험금은 수술 후 몸을 회복할 때 쓰기 위한 돈이라고 하더군요. 수술을 하고 나면 몸이 약해져 있고 일상생활에 적응하려면 많은 시간이 필요합니다. 소득 활동이 어려워질 수도 있습니다. 양질의 음식을 먹어야 하고 충분한 휴식도 취해야 합니다. 보험금을 받은 후 몸의 회복을 위해 온전히 사용하면 좋겠지만, 막상 목돈이 들어오면 집안에 더 급한 일이나 필요한 곳에 쓰는 경우도 있는 것 같습니다.

미래를 위해 미리 준비하는 태도는 필요합니다. 하지만 보험만 믿고 평소에 건강 관리를 소홀히 한다면 주객이 전도되는 경우가 아닐까요? 만약 최소한의 보험만 있다면 젊을 때부터 건강을 챙기며 살아가게 되지 않을까요? 큰 병에 걸렸을 때 최고의 병원에서 수술을 받고 좋은 의료 서비스를 받을 만큼 경제적으로 풍족하다고 해도 결국 병마와 싸우는 것이므로 삶의 질은 떨어집니다. 아프지 않던 예전의 몸으로 돌아가는 건 쉽지 않으니까요. 그러니 의료 기술에만 의존하기보다 병소 몸을 살피는 게 현명합니다.

켈리 누넌 감독이 찍은 〈치유〉라는 다큐멘터리가 있습니다. 말기 암 판정을 받고 완치한 사람, 교통사고로 평생 휠체어를 타야 된다는 진단을 받았지만 10주 만에 걷게 된 사람 등 다양한 인물들의 인터뷰를 모은 것인데요. 영화는 기적 같은 사건이 우리에게도 일어날 수 있음을 보여 주고 있습니다.

사고나 감염으로 인한 응급 상황에서는 병원 치료를 받아야 합니다. 하지만 병의 90%를 차지하는 만성질환은 유전 요인보다 스트레스가 원인인 경우가 많다고 합니다. 인간의 정신과 몸은 깊게 연결되어 있습니다. 마음의 분노와 우울은 엑스레이를 찍어도 나타나지 않습니다. 하지만 정신적 아픔은 몸의 면역을 망가뜨려 온갖 질병에 취약한 상태로 만듭니다.

다행스럽게도 우리 몸은 상상 이상으로 복잡하고 놀라울 정도로 정화능력이 뛰어납니다. 현대 의학은 인체의 재생 능력을 이해하지 못하지만 우리 몸은 스스로를 치유할 수 있는 능력이 있습니다. 질병으로부터 나를 보호하는 방법은 의외로 간단합니다. 다큐멘터리에서도 소개하듯 바른 식생활이 건강의 기초입니다. 병원에서 처방받는 조제약과 건강보조식품도 대부분 합성 화학 물질로 이루어져 있기에 맹신해서는 안 됩니다. 건강한 신체 유지가 미래를 위한 최고의 투자일진대 이는 평소 우리가 섭취하는 음식에 따라 달라질 수 있습니다. 또한 기도나 명상을 통해 스트레스를 다스리며, 부정적인 감정을 내려놓고 긍정적인 마음을 가지도록 노력한다면 우리 육체는 웬만한 질병에는 끄떡도 하지 않으리라 믿습니다.

주식
투자와 투기를 혼동하지 마세요

주식 투자는 내가 가진 자본금으로 시작하여 조금씩 불려 나가는 것을 목표로 해야 합니다. 무리하게 빚을 내어 투자하면 빨리 돈을 벌어야 한다는 압박감이 들어 성급한 결정을 내리기 쉽습니다. 기회는 항상 있으니 느긋한 마음으로 투자하는 습관을 기르세요.

주식으로 1억 버는 법 알려 드릴까요? 주식 통장에 2억을 넣으면 됩니다. 그만큼 주식으로 돈을 버는 게 쉽지 않다는 걸 말해 주는 농담인데요. 주식을 전혀 몰랐을 때에는 주식하는 사람들이 무척 대단해 보였습니다. 어느 기업 주가가 올랐다느니, 어느 기업이 상장했다느니 하며 대화를 나누는

1장. 경제공부

친구들이 멋져 보였습니다. '저 친구는 주식도 하는구나. 똑똑하네.' 그러던 어느 날 주식이란 게 대체 뭔지 직접 알아봐야겠다는 마음이 생겼습니다. 저의 유일하다시피 한 특기는 독서이니 책을 통해 주식을 파헤쳐 보기로 하였습니다.

한국에는 크고 작은 회사가 있습니다. 정부는 그중 엄격한 자격 조건을 통과한 기업의 주식을 거래할 수 있는 주식 시장을 만들었습니다. 그것이 우리나라를 대표하는 코스피(KOSPI) 시장입니다. 주식을 거래할 수 있게 상장(주식 시장에서 회사의 주식이 거래될 수 있는 자격을 취득한다는 뜻)된 기업은 실적을 공개하고 새로운 소식을 알릴 의무가 있습니다. 코스피 시장에 상장된 기업은 대기업이 많습니다. 반면 규모가 작은 벤처기업이나 IT 관련 기업은 정부가 세운 기준을 통과하기 어려운 경우가 많습니다. 이런 기업은 상장 회사가 아니기에 주식 발행을 통해 자본금을 얻을 수 없었습니다. 그래서 정부는 조건을 완화하여 1996년에 코스닥(KOSDAQ) 시장을 만들었습니다.

주식을 산다는 것은 기업의 지분을 갖는다는 말과 같습니다. 그러므로 주식 투자의 본질은 기업에 투자하는 것입니다. 성장 가능한 기업을 찾은 후 내 돈을 조금 보태는 것이지요. 기업이 잘된다면 주식 가격이 오를 테니 내가 투자한 자본금도 불어납니다. 매년 배당도 받을 수 있습니다. 배당이란 기업이 영업을 잘해 이익이 많이 나면 그 일부를 주주들에게 나누어 주는 것입니다. 높은 배당을 꾸준히 나누는 기업이라면 안정적인 기업일 가능성이 많습니다.

투자와 투기는 다릅니다. 투자는 주식을 보유하며 시간과 정성을 쏟는 것이고 투기는 단기간에 주식을 사고팔아 큰 이익을 얻으려 하는 것입니다. 누군가 주식을 한다고 했을 때 고개를 절레절레 흔드는 사람이 있다면 그는 주식을 투자가 아니라 투기로 생각하기 때문일 것입니다. 투기는 도박과도 같습니다. 한번 맛을 들이면 자신이 구렁텅이에 빠지는 걸 알면서도 벗어나기 힘듭니다. 주식책을 쓴 수많은 저자들이 공통적으로 주장하는 내용이 있습니다. 첫째, '투자 원금을 보존하라.' 둘째, '빚내서 투자하지 마라.' 셋째, '욕심부리지 마라.'입니다. 투자를 할 때 절제가 매우 중요함을 말해줍니다.

인간은 유혹에 약합니다. 우리는 내가 선택한 주식은 반드시 오를 거라고 착각합니다. 전세 자금이나 사업 자금으로 주식을 매수하는 사람도 있습니다. 좋은 주식을 고르는 데 뛰어난 감각을 소유한 사람이라면 괜찮지만 대부분은 한순간의 탐욕으로 비극을 맞이할 확률이 높습니다. 주식은 단기 폭락이 자주 옵니다. 지난 몇십 년간 한국 주식 시장이 어떻게 흘러왔는지 살펴보세요. 다른 사람이 주식으로 돈을 벌었다고 부러워할 필요가 전혀 없습니다. 조급해하지 말고 때를 기다리면 내게도 반드시 기회가 옵니다. 주식은 짧은 시간에 사고파는 게 아니라 조금씩 꾸준히 모아야 합니다. 그러려면 어떤 사업이 경쟁력이 있는지, 리더의 경영 마인드는 어떤지, 오래 성장할 수 있는 기업인지 공부해야 합니다.

그럼 어떤 기업을 골라 투자를 해야 할까요? 투자의 귀재라 불리는 워런 버핏의 스승 벤저민 그레이엄은 '가치투자'를 역설했는데요. 가치투자는 잠재적 가치에 비해 저평가되어 있는 기업을 찾아 투자한 뒤 시장이 그 가치를 알 때까지 기다렸다가 적절한 타이밍에 매도하는 것입니다. 정말 좋은 기업이라면 평생 동안 보유할 수도 있습니다. 여기서 중요한 건 '시간'입니다. 얼마나 인내하면서 기다리느냐 하는 것인데요. 국내외에서 사건·사고가 많이 일어나 많아 주가가 요동친다면 인고의 시간이 될지도 모릅니다. 그 길이 과연 쉬울까요?

책으로 주식 이론을 습득한 후 직접 주식을 사 보기로 했습니다. 주식을 사려면 증권 회사에 계좌를 계설해야 합니다. 인터넷 검색창에 증권 회사를 치면 수십 개의 회사가 나옵니다. 그중 한 투자증권에서 5년간 수수료 무료(유관기관 제비용 제외) 이벤트를 하고 있기에 냉큼 가입하였습니다. 인터넷으로 계좌 개설을 하고 증권사 홈페이지에 들어가 홈 트레이딩 시스템(HTS, Home Trading System)이라는 프로그램을 다운로드받았습니다. 이 프로그램은 개인이 집이나 사무실에서

산변하게 주식 거래를 할 수 있게 합니다. 스마트폰에서 앱을 다운로드받아 주식을 사고팔 수도 있습니다.

주식을 고를 때는 자신이 잘 아는 제품을 파는 회사부터 시작하는 것이 좋습니다. 내가 삼성 핸드폰을 쓰고 있다면 삼성전자 주식에 관심을 가져 보세요. 주변에서 어떤 제품이 조금씩 화제가 되고 있다면 그 제품을 파는 회사가 어디인지, 상장은 되었는지 찾아보세요. 좋은 주식은 일상에서 내가 주로 사용하고 있고, 앞으로 사용할 가능성이 높은 제품이나 서비스입니다. '남들이 다 가지고 있으니 나도 한번 사 볼까? 지인 혹은 전문가가 추천해 줬으니 믿어도 되겠지? 저 주식은 워낙 싸니(동전주) 몇 주만 사 볼까?' 하는 마음으로 접근하는 건 매우 위험합니다. 생각보다 많은 사람들이 그런 방식으로 주식 투자 하는 걸 보아왔습니다. 우리가 얻은 정보는 이미 다른 사람도 알고 있는 정보라고 보는 게 맞을 겁니다. 정말 돈을 벌 수 있는 좋은 정보라면 그 정보를 가진 사람이 직접 투자하지 우리에게 말해주지 않습니다.

저는 처음에 시험 삼아 제가 좋아하는 과자를 만드는 기업 주식을 한 주 매입하였습니다. 주식 잔고에 매입한 주식 가격이 찍힙니다. 기업 주가가 오르면 금액 숫자가 빨간색 플러스로 바뀌고 주가가 내리면 파란색 마이너스로 색깔이 바뀝니다. 매초마다 오르락내리락하는 숫자를 보고 있으니 신기합니다. 잠시 기다렸다가 숫자가 빨간색이 되었을 때 매도를 하였습니다. '주식, 별거 아니구나' 하는 생각이 들더라고요. 그 후 공부한 내용을 바탕으로 몇 개의 기업을 찾아 기회를 보면서 조금씩 주식을 매입하기 시작하였습니다.

그런데 여기서 문제가 발생합니다. 바로 제 마음이었는데 요. 한 회사의 주식을 사는 순간부터 매일 주식 가격이 올랐는지 궁금해집니다. 며칠 후 주식 가격이 조금이라도 오르면 팔고 싶은 유혹이 생겼습니다. 주식 가격이 조금이라도 떨어지면 온갖 근심과 걱정이 몰려옵니다. '내가 미쳤지. 거기에 왜 돈을 넣어가지고' 하는 마음이 듭니다. 금융 시장에 떠도는 온갖 소문과 정보에 관심이 가고 신경이 쓰입니다. 계좌에 찍힌 숫자가 실제 돈으로 느껴지지 않고 숫자놀음 같다는 생각이 듭니다. 수십 권의 책을 읽은 후 장기 투자를 할 수 있겠다는 확신을 가졌는데 막상 주식을 사니 일 년은커녕 한 달 보유하는 것도 쉽지 않습니다. 쉽고 빠르게 돈을 벌고 싶은 마음이 드는 겁니다. 주식을 하며 제 안에 있는 탐욕과 정면으로 맞닥뜨리게 된 것이지요.

일 년 정도 주식을 해 보니 저에게는 주식이 오르고 내리는 걸 덤덤히 지켜볼 수 있는 인내심이 부족하더라고요. 그럴 땐 상장지수펀드 (ETF, Exchange Traded Fund)를 고려해 볼 만 합니다. ETF의 종류는 다양한데요. 보통 수백 개 기업의 주식을 하나로 묶어 투자자가 주식처럼 거래할 수 있도록 만든 상품입니다. 예를 들어 KODEX200이라는 상품을 살펴보겠습니다. 코덱스는 이 ETF를 굴리는 운용사를 뜻하고, 뒤의 200은 코스피에 상장된 국내 대표 기업 200개의 시가총액을 지수로 만든 것입니다. 코스피 지수가 오르면 코덱스200도 따라 오르고 지수가 내리면 코덱스200도 따라 내려갑니다. 증권 시장이 장기적으로 성장한다는 전제를 둔다면 여러 회사에 공동 투자 하고 잊어버리는 것이 마음이 편할 것 같습니다. 또한 ETF는 적은 수수료(0.15~0.5%)만 떼기 때문에 관리형 펀드보다 수익 면에서 유리합니다. 하지만 현재 정부에서 국내 ETF도 세금을 매기는 방안을 논의하고 있기에 정책을 관심 있게 지켜봐야 합니다. 직접 ETF를 사는 것도 번거롭다면 펀드 투자를 하면 됩니다. 펀드는 펀드 매니저가 이것저것 주제를 정해 만든 것으로 차이나펀드, 베트남펀드, 원자재펀드 등이 있습니다. 펀드 매니저가 관리해 주기 때문에 신경을 덜 써도 되겠지요. 다만 처음 가입할 때 펀드 수수료는 얼마인지 잘 따져 봐야 합니다.

주식은 누구나 할 수 있지만 잘하기는 매우 어렵습니다. 꼼꼼하게 기업을 분석한 후 적금을 넣듯 주식을 매입하고 침착하게 기다릴 수 있다면 주식은 좋은 투자 수단이 될 것입니다. 그렇다면 기업의 정보는 어디서 얻을 수 있을까요? 우리가 손쉽게 접근할 수 있는 방법은 금융감독원에서 제공하는 전자공시시스템(dart.fss.or.kr)입니다. 여기에 들어가면 사업보고서, 재무상황, 사업내용, 실적, 투자 설명서, 주주총회 소집 등 궁금한 세부 사항을 확인할 수 있습니다.

1991년에 삼성전자 주식 가격은 만 원 정도였습니다. 30년 후 주가는 액면분할 전 가격으로 250만 원이 되었습니다. 액면분할이란 증권 가격이 너무 비싸 매매하기 쉽지 않을 때 기업에서 이를 잘게 쪼개 소액으로 매매할 수 있게 하는 것인데요. 2018년 삼성전자는 액면분할을 실시하여 2021년 5월 7일 기준, 주식 1주 가격은 8만 원대입니다. 누군가 1991년부터 삼성전자 주식을 팔지 않고 가지고 있었다면 250배의 수익을 얻었을 것입니다. 제가 대학교에 입학했던 2001년에 삼성전자 주식은 30만 원이었습니다. 그때 만약 제가 과외비를 모아 주식을 한 주라도 사서 보유하고 있었다면 가만히 앉아 8배의 수익을 얻을 수 있었겠지요. 좋은 주식이라는 확신이 있다면 최대한 오래 가지고 있어도 괜찮습니다. 워런 버핏은 1980년대 후반에 코카콜라 주식을 처음 매입하였고 지금까지도 보유하고 있다고 합니다.

제가 주식을 공부하며 얻은 소득이라면 예전에는 보이지 않았던 기업이 입체적으로 다가온다는 것입니다. 저와 전혀 상관없어 보였던 수많은 기업이 눈에 들어옵니다. 어떤 품목이 주요 상품인지, 그 제품이 성장 가능성이 있는지 궁금해집니다. 신문을 펼치면 기업들이 와글와글 소리를 내며 달려드는 기분입니다. 세상을 보는 시각이 조금 달라졌다고나 할까요? 그것만으로도 충분히 주식책을 읽고 투자한 보람이 있습니다.

내 돈이 들어가야 재테크에 관심이 생깁니다. 주식 대신 달러나 금을 살 수도 있습니다. 처음부터 무리하게 시작할 필요는 없습니다. 소액이라도 투자를 해 본 경험이 중요합니다. 투자를 직접 해 보면 이론과는 얼마나 다른지 생생하게 느낄 수 있습니다. 막상 해 봤더니 내 성향과 맞지 않는 것 같다면 그때 멈추거나 다른 방면으로 방향키를 바꾸면 됩니다.

장기 투자
우량주 투자를 권합니다

적금을 붓듯 매달 10만 원씩 주식을 사서 딱 20년만 보유해 보세요. 주식 시장에서 최후에 승리를 거두는 방법은 시간에 투자하는 것입니다.

미국의 러셀(Lyndal Scott Russell) 할머니를 아시나요? 이 분은 군인의 아내였는데 1950년에 315달러를 투자하여 세이프코라는 보험 회사 주식을 15주 삽니다. 할머니는 그 주식을 신발상자에 넣어 57년간 보유하였는데요. 그동안 그 주식은 9번의 액면 분할을 거쳐 15주가 33,346주로 불어나게 됩니다. 그리고 2008년 이 주식은 한 주당 가격이 68.25달러로 뛰어 총액이 무려 227만 달러가 되었습니다. 러셀 할머니는 주식을 58년산 놔뒀을 뿐인데 무려 7,200배가 넘는 수익을 거두는 마법 같은 일이 벌어진 것이죠.

현재 종잣돈이 없어 걱정이신가요? 한 달 벌어먹고 살기 바빠 자산 축적은 꿈도 꾸지 못하고 계신가요? 괜찮습니다. 지금은 비록 궁핍하고 가난한 처지지만 우리에게는 여전히 희망이 있습니다. 저도 마흔 살이 다 되어서야 목표를 재설정하고 주식 투자를 시작했지만 늦었다는 생각은 하지 않았습니다. 오히려 30년 뒤를 생각하면 마음이 두근거립니다. 미래에 부자가 될 것이라는 믿음을 가지세요. 매달 조금씩 우량주식을 사서 묻어둔다면 20년, 30년 뒤에는 내가 산 주식 몇 주가 액면 분할을 거치고 자가 증식을 하여 엄청난 자산이 되어 있을 겁니다. 복리의 잠재력을 과소평가하지 말아야 합니다.

30년 뒤에는 이미 너무 늙은 나이라고요? 저도 30년 뒤에는 70세가 됩니다. 하지만 70세인 저희 아빠의 삶을 지켜보면 아빠는 지금 인생에서 가장 멋진 시기를 보내고 계십니다. 그리고 인생에서 돈이 정말 중요해지는 나이는 육체가 쇠약해지기 시작하는 70세부터입니다. 그 시기를 지금부터 준비해야 합니다.

주식을 30년을 보유하려면 내가 투자한 기업이 그때까지 살아남아야 한다는 보장이 있어야겠죠. 한국도 삼성 같은 우량기업이 있지만 미국 주식으로 눈을 돌리면 더 많은 선택지가 우리를 반겨 줍니다.

한국 주식 시장 규모가 약 2천조 원인 반면 미국 주식시장 규모는 약 3경 원으로 세계에서 가장 큰 시장입니다. 미국은 세계 최고의 경제대국이고 금융 역사가 깊기에 주식 시장 또한 탄탄합니다. 예전보다 미국 주식에 관심 있는 사람들이 늘어나고 주변에도 투자를 하는 분들이 많아져 다행이라고 생각했는데요. 아직도 미국 주식에 투자하는 투자자 비중이 2%도 되지 않는다고 합니다. 미국 주식은 우량 주식을 골라 장기로 투자하려는 분들께 추천하고 싶습니다. 이 세상에 100% 안전한 투자는 없습니다. 하지만 우량 주식 장기투자는 평범한 직장인이 할 수 있는 가장 안전한 투자이고 성공이 보장된 투자입니다. 저는 주식을 사면 평생 함께할 동반자로 여기고 보유하고 싶습니다. 테마주나 작전주 같은 주식은 관심도 없고 차트 분석 기술도 없습니다. 전문투자자가 아니기에 주식에 많은 관심을 쏟을 시간과 에너지도 없습니다. 한번 사면 평생 묻어 두고 싶기에 10년 뒤, 20년 뒤, 30년 뒤에도 살아남을 기업은 어느 곳일지 질문을 던져 봅니다. 예를 들어 애플이나 아마존의 미래를 그려 보면 마음이 편안해집니다. 미국 주식을 공부해 보니 미국에는 이런 우량 기업들이 너무 많은 거죠.

우리나라에 한국 증권 거래소와 코스닥 시장이 있듯 미국에도 뉴욕 거래소와 나스닥 시장이 있습니다. 코스닥 시장은 코스피 시장에 비해 규모가 작은 반면 나스닥 시장은 뉴욕거래소 시장만큼 규모가 있고 활발한 거래가 이루어집니다. 특히 대형 기술주들이 많이 상장되어 있는데 우리가 잘 아는 페이스북, 애플, 아마존, 넷플릭스, 구글(각 기업 이름의 머리글자를 따 FAANG이라 불림)도 나스닥 시장에 속해 있습니다.

한국은 숫자로 종목을 구분합니다. 예를 들어 삼성전자는 005930이고 LG는 066570입니다. 반면 미국 주식은 티커 심볼이라고 하여 상장 회사를 나타내는 약자를 씁니다. 예를 들어 애플은 AAPL, 디즈니는 DIS, 나이키는 NKE로 표시합니다. 현재 미국이 세계 경제의 중심이기에 미국의 다우지수와 나스닥지수는 세계 증권가의 주목을 받습니다. 한국의 주식도 미국 주가의 영향을 받으며 움직이는 경우가 많기에 해외 주식 거래를 하지 않는다고 해도 미국 주식 추이에 관심을 가져야 합니다.

미국 주식 투자를 해야겠다는 결심을 하고 계좌를 계설하였는데요. 국내 주식 계좌 개설과 동일합니다. 증권사별로 다양한 가입 혜택이 있으니 여러 조건을 잘 따져 보고 자신에게 맞는 증권사에 계좌를 개설하면 됩니다. 직접 방문하지 않아도 온라인상으로 가능합니다. 휴대전화 등으로 본인인증을 하고 신분증을 카메라로 촬영해 증권사 앱에 입력하면 됩니다. 저는 우선 타이레놀로 유명한 제약회사 존슨앤드존슨(JNJ) 주식 한 주를 샀습니다. 제 마음 변화를 살펴보려고요. 놀랍게도 주식을 매입한 후 한 달 동안 한 번도 증권사 앱에 접속하지 않았습니다. 존슨앤드존슨에 대한 믿음이 있으니 오늘 얼마나 오르고 내렸는지 확인하고 싶은 생각이 전혀 들지 않습니다. 또 미국 주식은 왠지 주식을 담은 신발상자가 미국에 있는 것 같은 기분이 들어 귀찮게 거기까지 가서 주식이 잘 있는지 열어 보고 싶은 마음이 들지 않습니다.

또 해외 주식은 국가별로 증권거래소 개장 시간이 한국과 다릅니다. 미국 주식의 증권소 거래 시간은 현지 시간으로 09:30부터 16:00까지이나 우리나라 시간으로는 23:30부터 익일 06:00까지(서머타임 적용 시 22:30부터 익일 05:00)이니 한밤중에 깨어 있어야 매매가 가능합니다. 저는 11시면 잠자리에 들기에 구매하려는 미국 주식에 미리 예약을 걸어 놓습니다. 수시로 증권사에 들어가 가격을 확인하는 대신 아침에 일어나 거래가 이루어졌는지만 확인하면 되니 신경을 빼앗기지 않아 좋습니다.

미국 우량 주식을 가지고 있다는 것은 비교적 안전한 자산을 확보하고 있다는 말과 비슷하다고 보아도 무방할 것 같습니다. 우리 통장에 달러가 있는 셈이니까요. 한국 경제가 불인할수록 달러를 보유해야 힐 이유가 커집니다. 만약 한국 경제가 흔들린다면 한국에 투자한 해외자본가들이 원금을 회수하려 하겠지요. 1997년 태국 바트화 폭락이 시작되자 해외에서는 동아시아 시장에 불안을 느끼고 돈을 빼기 시작합니다. 그 여파로 한국에서도 해외자본이 썰물처럼 빠져나가 정부의 외화 보유량은 순식간에 동이 나게 됩니다. 국가가 보유한 달러가 부족했기에 IMF로부터 돈을 빌릴 수밖에 없는 상황이 된 것이지요. 당시 800원대였던 환율이 1,962원까지 올라갔습니다. 한국은 수출로 먹고사는 나라인데 그만큼 원화 가치가 떨어지게 되니 나라 전체가 흔들릴 수밖에요. 경제 성장률이 좋지 않으면 외국 자본계는 불안을 느껴 한국을 빠져나가게 되고 이는 환율 상승에 영향을 줍니다. 환율이 급등할수록 한국 경제는 더 어려워질 수밖에 없습니다.

자, 그럼 미국 주식을 어떻게 달러로 살까요? 해외 주식을 매입할 땐 우선 원하는 국가의 통화로 환전해야 합니다. 예를 들어 베트남 회사의 주식을 사고 싶다면 동(VND)으로 환전해야 하며 이때 0.2~1.0%의 수수료가 발생합니다. 미국 주식도 마찬가지입니다. 거래 시작 전 달러로 환전을 해야 하는데 증권사 계좌에 미리 원화를 넣어 놓으면 앱에서 바로 환전할 수 있는 기능이 있습니다. 해외 주식을 구입하였다가 매도할 경우 매도 자금은 외화로 입금되고 원할 때 환전이 가능합니다. 만약 일주일 전에 매도하였는데 오늘 자금이 필요하여 환전할 경우 환율이 일주일 전보다 올랐다면 추가 수익이 발생하겠지만 환율이 내려간 상태라면 매도 당시 예상했던 금액보다 적은 액수를 받게 됩니다.

세금 기준도 다릅니다. 미국 주식은 거래세 대신 양도소득세를 냅니다. 매년 1월 1일부터 12월 31일까지의 수익을 계산하여 매매 차익의 22%를 양도소득세(단, 차익이 250만 원 이하일 경우 면제)로 이듬해 5월 종합소득세 신고 시 자진 납부하도록 규정되어 있습니다. 어딜 가나 세금이 무섭긴 합니다. 대부분 증권사에서 양도소득세 신고 대행 서비스를 제공하고 있어 편하게 세금을 납부할 수 있습니다.

미국 주식 시장은 120여 년 동안 상승했습니다. 중간에 몇 번 대폭락을 겪긴 하였지요. 1929년 세계 대공황, 1945년 2차 세계대전, 1987년 블랙 먼데이, 2001년 닷컴 버블 붕괴, 2008년 리먼 사태, 2019년 코로나19 등 위기 때마다 폭락한 전례가 있었습니다. 하지만 역사가 증명하듯 미국 주식 시장의 주가는 결국 다시 상승하였습니다. 우리는 1초 후의 미래도 알지 못합니다. 하지만 믿음을 갖고 적립식으로 우량 주식을 사서 몇십 년 보유한다면 세월이 우리 편이 되어 큰 수익을 낼 수 있습니다. 미국은 선진 시장입니다. 작전 세력에 의한 개입이 거의 불가능하고 실적 위주의 투자가 이루어짐니다. 수수의 권리노 상하고 기관 투자자의 비중도 높습니다. 한국에 비해 훨씬 안전하고 신뢰할 수 있는 주식 시장입니다.

미국은 배당 지급도 안정적입니다. 주요 주가지수(S&P500) 기업 중 약 80% 이상의 기업이 배당을 지급합니다. 미국 주식은 보통 1년에 네 번 배당을 줍니다. 배당세는 양도세와 별도로 내야 하는데 일반적으로, 배당금에서 15.4%의 세금을 뗀 후 나머지를 계좌에 입금해 줍니다. 받은 배당금을 다시 집어넣어 재투자를 한다면 자산 규모는 더욱 커지겠지요. 미국 주식 시장에는 우량 주식이 많아서 그만큼 갖고 싶은 주식도 많습니다. 하지만 개별 주식 가격이 워낙 비싸 부담이 될 수 있습니다. 아마존 같은 주식은 한 주에 3천 달러가 넘으니까요. 그렇다고 실망하지 마세요. 우리에게는 ETF가 있으니까요. 현재 자금이 없다면 우량 기업들의 주식을 모아놓은 ETF부터 사면 됩니다. 예를 들어 S&P500지수를 추종하는 SPY(SPDR S&P500 ETF)나 나스닥100지수를 추종하는 QQQ(Power Shares QQQ Trust)를 대신 사는 거죠.

모든 주식을 ETF로 채우기보다는 개별 주식도 함께 가져가는 것이 좋습니다. 모든 달걀을 한 바구니에 담기보다는 여기저기 분산을 시키는 것이 안전합니다. 투자는 최대한 보수적으로 접근하는 것이 좋습니다. 그렇다면 우리는 어떤 주식에 관심을 가져야 할까요? 지금 내가 무엇을 사용하고 있는지 둘러보세요. 당신은 코카콜라를 마시고 나이키 신발을 신고 있지 않나요? 스타벅스에서 커피를 마시고 넷플릭스에서 영화를 보고 있지 않나요? 아이폰을 쓰고 장을 보러 코스트코를 방문하지 않나요? 내가 애정하는 제품이나 서비스가 있다면 그것을 만든 기업에 관심을 기울여 보세요. CEO가 누구인지, 그 기업의 철학은 무엇인지 스스로 알아보고 30년 뒤에도 살아남을 가능성이 있는지 고민해 보세요.

그다음으로는 시각을 좀 더 확장시켜 현재 내가 살고 있는 사회를 살펴보면 됩니다. 지금은 신종 코로나바이러스 감염증으로 전 세계가 고통에 시달리고 있습니다. 이 전염병이 종식되면 세상은 다시 코로나19 이전의 상태가 될 수 있을까요? 코로나19 이전에도 전염병은 항상 존재해 왔습니다. 아테네 역병, 흑사병, 천연두, 스페인 독감, 에이즈, 인플루엔자, 에볼라 바이러스 등 다양한 질병으로 수많은 사람이 세상을 떠났습니다. 우려스러운 점은 특정 전염병 발병 주기가 과거보다 더 빨라지고 있다는 사실입니다. 앞으로도 또 다른 전염병이 우리 삶을 위협할 가능성이 높습니다. 신종 코로나바이러스로 인해 온라인 기반 산업이 더욱 가속화되고 있습니다. 4차 산업 혁명이 전염병으로 인해 좀 더 빨리 우리 삶 속으로 들어온 셈입니다.

주변을 둘러보세요. 드론, 원격의료 서비스, 온라인 배달, 가상현실(VR), 스트리밍, 화상 회의, 자율주행차, 사물인터넷(IoT) 등 현재 우리의 삶의 많은 부분이 인공지능(AI)과 연관되어 있습니다. 2016년 3월 우리나라를 떠들썩하게 만든 사건이 있었습니다. 바로 이세돌 기사와 알파고(구글이 만든 인공지능 바둑 프로그램)의 바둑 대결 때문이었는데요. 인공지능이 인간을 이겼다는 사실에 사람들은 큰 충격을 받았습니다. 하지만 이때로부터 약 20년 전 1997년 5월에 이미 슈퍼컴퓨터 딥블루가 세계 체스 챔피언인 가리 카스파로프를 꺾은 역사가 있습니다. 《에이트》에서 이지성 작가는 인공지능에 의한 전문직 대체가 눈에 띄기 시작하는 때는 대략 2025년이며, 2045년부터는 전문직의 80~90%가 인공지능에 대체될 것으로 예측하고 있습니다. 섬뜩하지 않나요? 인공지능은 현재 정보, 기술, 교육 분야에서 전방위적으로 활용되고 있습니다. 우리는 지금 인공지능이 장착된 자율주행차들이 고속도로를 달리며, 인공지능 의사 왓슨이 진료를 보고, 신입사원 선발을 인공지능에게 맡기는 세상에서 살고 있습니다.

우리는 인공지능이 주도하는 시대 초입에 서 있으며 첨단 정보통신기술이 개인과 사회 전반에 융합되는 속도는 더욱 빨라질 것입니다. 따라서 우리가 관심을 갖고 공부해야 할 분야도 바로 여기에 있습니다. 더 중요한 건 주식을 팔지 않고 끝까지 가져갈 수 있는 인내심입니다. 주식이 폭락하든 폭등하든 흔들리지 않는 마음을 길러야 합니다. 어쩌면 주식 투자에 있어 가장 중요한 건 평정심일지도 모릅니다.

부동산
어떤 집에 살고 싶으세요?

집의 기능적 요소는 인간이 추위와 더위, 비바람 등을 피하기 위한 건물로서의 역할입니다. 집이 본연의 기능을 잘 수행한다면 우리는 그 안에서 따뜻함, 편안함, 휴식, 안도, 기쁨, 만족을 누릴 수 있습니다.

10년 전 일인데요. 남편이 지방에서 근무를 하다 처음 서울에 올라왔을 때 부동산중개사무소를 지나가게 되었다고 합니다. 유리창에 붙은 주택 가격을 보면서 몇 년간 열심히 돈을 모으면 집 한 채는 그럭저럭 살 수 있겠구나 싶었대요. 그러다 뭔가 이상하여 자세히 들여다보니 집 가격 뒤에 0 하나가 더 붙어 있었다고 합니다.

어떤 집에 살고 싶으세요? 저는 먹거리에 관심이 많고 사람들과 함께 모여 식사하는 걸 좋아합니다. 제가 꿈꾸던 집은 텃밭을 기를 수 있는 마당과 넓은 주방이 있는 집이었습니다. 저는 2012년 결혼을 하였는데요. 그때 제가 가진 돈은 천만 원, 남편은 이천만 원이 전부였습니다. 천만 원으로 신혼 살림을 마련하고 3천5백만 원 대출을 받아 서울 강북에 5,500만 원짜리 전세를 구했습니다. 신혼집은 반지하라 안방 창문은 벽으로 막혀 있었지만 현관을 나가면 작은 마당이 있어 텃밭처럼 쓸 수 있는 상자를 여러 개 놓을 공간이 있었습니다. 10평짜리 집이었지만 부엌과 작은방이 트여 있어 여러 명이 놀러 와도 먹고 노는 데는 문제가 없었습니다. 하지만 6년을 그곳에서 지낸 후 제가 살고 싶은 집은 햇빛이 들어오는 곳이 되었습니다.

남편이 다니던 회사가 서울에서 경기도 의왕으로 이전을 하게 되었습니다. 신혼집에서 회사까지 출퇴근만 3시간이 걸리더군요. 몇 달을 의논 후 저희는 회사 근처로 이사하기로 결정하였습니다. 새로 구할 집을 전세로 해야 할지 사야 할지도 심각하게 고민하였는데요. 주택을 구매하려면 엄청난 대출을 받아야 하니까요. 집을 사게 되면 어떤 일이 있어도 매달 대출금을 갚아야 합니다. 만약 남편이 직장을 잃게 되더라도 대출금은 내야 합니다. 주택을 보유하면 그만한 책임감이 따라옵니다.

사회 초년생이라면 부모 도움 없이 집을 마련하려고 할 때 대출을 받지 않고 혼자 힘으로 살 수 있는 사람은 거의 없을 것입니다. 문제는 집을 투자라 생각하여 무리하게 주택 담보 대출을 받아 구입하는 경우입니다. 월급으로 감당하기 힘들 만큼 대출을 받게 되면 매달 대출금 상환에 허덕이게 됩니다. 이자를 갚는 것도 벅차 현재의 삶의 질이 떨어지게 되지요. 빚을 내어 산 주택의 가격이 급등하여 매도 후 각종 세금을 제하고도 넉넉한 차액을 챙길 수 있다면 최고의 투자가 될 것입니다. 하지만 요즘은 워낙 주택 가격이 급등하여 빚을 내는 것도 한계가 있습니다. 또한 무리하게 집을 구매했으나 집값이 떨어지는 경우도 있습니다. 부동산 투자는 주식 투자만큼 어렵고 인내를 요구하며 위험이 따릅니다.

현재는 집을 살 때 주택을 담보로 돈을 빌릴 수 있는 비율을 최대 70%까지 인정하여 대출해 줍니다. 그게 바로 주택담보대출비율(LTV, loan to value ratio)인데요. 하지만 이때 내가 사려고 하는 집이 투기지역이나 투기과열지구에 속해 있다면 대출은 40%(주택가격 9억 원 이하일 경우) 밖에 받을 수 없습니다. 예를 들어 집값이 5억 원이라면 대출을 최대 3억5천만 원까지 받을 수 있지만 투기지역이라면 2억 원밖에 대출을 받지 못하니 3억 원의 현금이 내 수중에 있어야만 집을 살 수

　　　　　　　　　　　　　　　　　　1장. 경제공부

있습니다. 그다음으로는 대출 상환 능력이 필요합니다. 은행도 내가 상환범위 내에서 돈을 잘 갚을 수 있는지를 알아야 빌려주기 때문에 현재 내가 돈을 벌고 있다는 소득금액증명을 하거나 수입처를 증빙해야 합니다.

주택을 구입하기 위해 대출이 필요하다면 먼저 은행에 가서 상담을 받는 것이 필요합니다. 국가 정책이 수시로 바뀌기 때문에 친구나 인터넷 등에서 정보를 얻기보다는 은행에 직접 문의하는 것이 정확합니다. 대부분의 사람은 은행에 가서 대출 상담을 받는 걸 어려워하고 꺼립니다. 왠지 은행에만 가면 주눅이 들기도 합니다. 하지만 은행에서는 원칙적으로 고객어 물어보기 전에 필요한 정보를 설명해 줘야 할 의무가 있습니다. 특히 금융 소외 계층(노약자나 저소득층 등)에게는 더 쉽고 상세하게 설명해야 하는 의무도 있습니다. 그러니 궁금한 점이 있을 때마다 망설이지 말고 용기를 내어 방문해 보세요.

예전에는 갭 투자라고 하여 집을 매수하는 동시에 그 집에 전세를 놓아 본인이 가진 돈이 적어도 집을 구매할 수 있었습니다. 하지만 지금은 대출 규제가 워낙 엄격하고 다주택자가 되는 순간 엄청난 세금을 내야 하기에 신중하게 접근해야 합니다. 세금, 생각보다 무섭습니다. 어떤 투자를 하든 간에 세금이 얼마나 나오는지 꼼꼼히 따져 보는 게 좋습니다. 집을 구매할 때는 투사가 목적이 아닌 내가 마음 편히 지낼 수 있는 주거 공간으로 생각하는 게 좋습니다. 학군, 교통, 브랜드, 건축 연도 등 집을 매수하기로 했을 때 고려해야 할 수 많은 항목이 있습니다. 가진 돈이 많다면 쉽게 선택할 수 있지만 그렇지 않다면 몇몇 부분은 과감히 포기하고 양보할 수 없는 항목 한두 개에 집중해야 합니다. 저희 부부는 의논 끝에 집을 사기로 하였는데요. 가장 크게 고려했던 점은 '얼마나 오래 거주할 것인가' 하는 점이었습니다. 전세든 자가든 한 장소에서 오래 살아야 돈을 절약할 수 있으니까요. 이사 비용, 새 가구 구입 비용, 부동산 중개 비용, 인테리어 비용을 간과해서는 안 됩니다.

몇 달간 집을 보러 다녔습니다. 그런데 사람 마음이 얼마나 간사한지 집을 보면 볼수록 더 좋은 곳에 살고 싶은 마음이 듭니다. 저희가 세운 적정 예산이 있었는데 자꾸 예산을 초과한 집에 마음이 끌립니다. 처음엔 18평도 너무 넓다고 생각했는데 어느덧 34평이 적당하다는 마음이 듭니다. 아이도 없는데 초등학교를 품은 대단지 아파트가 탐이 납니다. 연식이 오래된 집보다는 새 아파트에서 살고 싶어집니다. 눈이 자꾸 높아지는 것이지요.

부동산 전문가들은 이자와 원금을 합한 대출 상환금이 매달 수입의 30%를 넘지 말아야 한다고 조언합니다. 저희는 전문가의 의견에 따라 예산에 맞춘 적당한 집을 선택할 수 있었습니다. 연식이 10년 넘지 않은 28평 아파트를 선택하여 집수리를 하지 않아도 되었고, 남편이 회사까지 걸어갈 수 있는 거리에 집을 구해 교통비 지출을 없앴습니다. 그리고 그 비용으로 관리비를 낼 수 있도록 작은 부분까지 따져 보았습니다. 매달 갚아야 하는 대출 상환금이 수입의 30%를 넘지 않도록 계산하였고, 퇴직금을 중간 정산 해야 될 정도까지 무리한 가격의 집을 택하지는 않았습니다.

집을 가져 보니 가장 좋은 것은 심리적 안정감입니다. 전세금이 오르지는 않을지 걱정하지 않아도 되고 어디로 또 이사를 가야 하나 고민하지 않아도 됩니다. 먼저 집을 구매했던 지인들도 제게 이 부분을 강조했었는데 내 집을 갖고 보니 정말 공감이 됩니다. 투기 목적으로 집을 구입한 것이 아니기에 어디 집값이 올랐다더라 하는 소식이 들려도 마음이 크게 흔들리지 않습니다. 매달 대출금을 갚아야 하는 것은 부담스럽기는 하지만 한편으로는 동기부여가 되기도 합니다. 대출금을 갚기 위해 더 열심히 경제 활동을 하게 되니까요.

부동산 시장 전망이 밝지만은 않습니다. 이미 한국의 출산율은 0%대에 진입하였고 노인 인구는 점점 많아지고 있습니다. 10년 뒤에는 서울의 특정 지역을 제외하고는 부동산이 하락할 가능성이 많습니다. 그렇다 하더라도 저는 마음 편히 쉴 수 있는 내 집 한 채는 있으면 좋다고 생각합니다.

그렇다면 새 아파트는 어떻게 분양받는 걸까요? 이미 갖고 계신 분들도 많을 텐데요. 청약 통장이 필요합니다. 청약 통장은 국가에서 짓는 공공주택이나 민간주택을 사려고 할 때 주택 청약 우선권을 받기 위해 만드는 통장입니다. 청약 저축은 매달 2만 원~50만 원까지 자유롭게 입금 가능하며 납입 횟수는 무조건 10만 원이 1회로 계산됩니다. 예를 들어 매달 2만원씩 다섯 달을 납부해도 5회가 아닌 1회로 간주되며 한 번에 20만 원 이상을 넣어도 1회로 계산됩니다. 일정 소득 이하 직장인과 무주택자는 연말정산 시 납부 금액을 최대 240만 원까지 소득 공제 받을 수 있습니다.

청약 통장은 가입 기간, 납입 금액, 횟수가 중요한 지표가 됩니다. 이 점수를 합쳐 1순위부터 분양받을 기회를 주기 때문입니다. 1순위 기준은 공공분양과 민간분양이 다릅니다. LH 등 나라에서 제공하는 공공분양 아파트는 저축 기간과 납입 횟수를 주로 봅니다. 민간 분양 아파트는 저축 기간과 예치금 액수가 중요합니다.

요즘은 청약 통장을 기본으로 갖고 있기에 1순위 자격이 되는 사람들도 많습니다. 만약 아파트가 좋은 위치나 주택이 부족한 장소에 세워진다고 하면 수많은 사람들이 지원하겠지요. 1순위 자격자 수가 아파트 공급량보다 많다면 가점이

1장. 경제공부

높은 순서부터 낮은 순서대로 번호를 매겨 분양을 합니다. 가점 제도는 무주택 기간(30세부터 인정), 부양 가족 수, 주택 청약 통장 가입기간(6개월~15년) 등을 따져 등급을 부여해 점수를 매기는데요. 만점은 84점입니다.

저와 남편도 각각 청약 통장을 갖고 있고 매달 5만원씩 납입하고 있습니다. 저희도 1순위 자격자이나 가점을 계산해 보니 20점도 되지 않아 청약을 넣어도 순위에서 밀려 분양을 받기 힘듭니다. 그렇다고 해서 포기할 필요는 없습니다. 분양 물량 중 일부를 제비뽑기하는 추첨제에서 당첨될 수도 있으니까요. 신혼부부이거나 생애 최초로 주택을 구입한다면 특별공급 배정이 따로 있으니 당첨 확률이 좀 더 높아지겠지요.

적절한 수준의 내 집을 마련하는 일은 주거 생활 안정 측면에서 좋은 일입니다. 하지만 내 집 마련을 위해 많은 대출을 받아야 한다면 상대적으로 적은 비용으로 거주할 수 있는 임대도 괜찮습니다. 다만, 임대의 경우에는 보증금 인상이나 이사 등 여러 변수를 염두에 두고 꾸준히 저축을 할 필요가 있습니다. 중요한 건 내 삶을 규모 있게 조절하며 나아갈 수 있는 절제력입니다. 검소하고 소박하게 사는 습관이 몸에 새겨지면 남은 날들이 두렵지 않습니다. 절제하면서도 삶을 즐기며 살아갈 수 있습니다.

09

금리
복리의 마법을 아시나요?

천 리 길도 한 걸음부터입니다. 부자가 되고 싶다면 지금 당장 소비를 줄이고 저축을 늘리며 투자에 관심을 가져야 합니다. 내 힘으로 애써 돈을 모아야 그 돈을 지키려는 의지도 생깁니다.

1980년도에 짜장면값이 얼마였는지 아시나요? 약 350원이었습니다. 2020년도 짜장면값은 약 5,000원으로 가격이 14배 상승하였습니다. 앞으로도 짜장면값은 조금씩 오를 것입니다. 짜장면을 비롯한 모든 물가가 오르겠지요. 그래서 돈을 모으려면 물가상승과 치열한 경쟁을 해야 합니다. 사람들이 부동산에 관심을 갖는 이유도 대체적으로 집 가격이 물가상승률을 따라가기 때문입니다. 은행에 목돈을 10년 동안 넣어 놓는다면 이자는 조금 붙겠지만 물가상승 폭을 따라잡기는 쉽지 않겠습니다.

앞 장에서도 설명하였지만 금리는 현금의 가치를 뜻합니다. 수중에 1,000만 원이 있는데 이걸 사용하지 않고 은행에 2년간 정기 예금으로 가입한다고 해봅시다. 은행에서는 연간 2%의 이자를 준다고 합니다. 첫 해에 저는 이자로 20만 원을 받고 두 번째 해에도 이자로 20만 원을 받습니다. 2년 동안 1,000만 원을 쓰지 못하는 대신 얻을 수 있는 돈은 총 40만 원(세전 이자)이 되는 것입니다. 이렇게 이자를 계산하여 지급하는 방법을 단리법이라고 합니다.

복리법도 있습니다. 복리는 원금뿐 아니라 이자에도 이자를 주는 계산법입니다. 인터넷에서 복리 계산기로 계산해 보았습니다. 위와 같은 상황이라면 첫 해에 저는 1,000만 원에 대한 이자로 20만 원을 받습니다. 두 번째 해에는 1,000만 원에 이자 20만 원이 더해진 1,020만 원을 원금으로 계산합니다. 그렇다면 두 번째 해에 제가 받을 수 있는 이자는 20만 7천 원이 됩니다. 2년 동안의 이자를 더하면 저는 총 40만 7천 원의 현금(세전 이자)을 수입으로 얻을 수 있습니다. 저는 복리를 보면 윷놀이가 떠오릅니다. 윷놀이 판에 말을 던질 때 자기편 말이 있는 곳에 말이 또 오게 되면 그 말을 함께 업고 이동하잖아요. 복리는 원금과 이사를 더한 액수에 또 이자를 얹는 방식입니다. 마치 윷놀이에서 함께 동행하는 고마운 말처럼 느껴집니다.

예금한 돈이 적고 예금 기간이 짧다면 단리와 복리 차이가 크지 않습니다. 그러나 예금하는 돈이 많을수록, 기간이 길수록 복리는 기하급수적으로 늘어납니다. 적은 금액이라도 일찍부터 꾸준히 돈을 모아야 하는 까닭이 여기에 있습니다. 복리를 쉽게 계산할 수 있는 복리 공식이 있는데요. '72 법칙'이라고 합니다. 계산기만 있으면 이 법칙으로 원금을 두 배로 만드는 데 걸리는 시간과 이율을 금방 알 수 있습니다.

예를 들어 보겠습니다. 1,000만 원을 6%의 이율로 예금하면 그 돈이 두 배인 2,000만 원이 되는 데 걸리는 시간은 얼마일까요? 72를 6으로 나누면 12가 나옵니다. 원금이 두 배가 되는 데 12년이 걸린다는 뜻입니다. 이자율이 4%라면 18년이 걸립니다. 2%라면 36년이 걸립니다. 상황을 바꿔 10년 안에 처음 예금한 돈 1,000만 원을 두 배로 불리려면 몇 %의 이자를 받아야 가능할까요? 72를 10으로 나누면 됩니다. 7.2가 나오네요. 7.2% 이율로 매년 이자를 받으면 10년 후 원금이 두 배가 된다는 뜻입니다.

월 복리 저축은 최소 7년 이상은 부어야 단리 적금과 차이가 납니다. 요즘은 드물게 특별 판매 상품으로 나오는 걸 제외하고는 복리 적금 상품을 찾기 힘듭니다. 최대 3년짜리가 대부분이고 금액도 제한적이라 좋은 상품을 찾기 어렵습니다. 이럴 땐 이자율이 높은 단리 상품을 이용하는 게 나을 수 있습니다. 중요한 건 일찍 저축을 시작할수록 돈을 불리기 쉽다는 것입니다. 20살 혹은 30살부터 저축을 한다는 건 40살에 저축을 시작하는 것과는 차원이 다른 세계를 사는 것과 같습니다.

저는 대학을 졸업하고 6년간 일을 하며 번 돈을 월세, 여행, 문화비, 생활비로 모두 써 버렸습니다. 매달 200만 원 정도 월급을 받았는데요. 월세를 내고 책을 마음껏 사고 뮤지컬과 연극을 보러 다니고 옷을 사고 외식을 하다 보니 남는 게 없더라고요. 물론 한 달에 몇십만 원씩 저축을 하긴 했지만 어느 정도 목돈이 되면 그 돈으로 여기저기 여행을 다녔습니다. 돌이켜 보면 그 당시 제 재정상태는 눈뜨고 봐 줄 수 없을 지경이었습니다. 어른이 되었지만 경제를 전혀 몰랐기에 버는 대로 흥청망청 써 버린 것입니다. 젊을 때 책과 여행으로 쓰는 돈은 좁은 시야를 넓힐 수 있는 기회이기에 어느 정도 투자를 해야 한다고 생각합니다. 하지만 불필요한 외식을 한 것이나 충동적으로 옷을 산 것 등 아껴도 괜찮았을 돈까지 낭비한 것은 후회스럽습니다. 저는 20대의 세월은 흘려보냈고, 30대의 시간은 가까스로 붙잡았습니다. 40대부터는 최선을 나해 모아야 합니다.

저축 통장은 한 개를 만드는 것이 어렵습니다. 하지만 하나를 만들고 나면 또 하나를 개설하고 싶은 마음먹기가 수월합니다. 갖고 싶은 물건을 사거나 모으는 대신 통장을 모아 보는 건 어떨까요. 만 원짜리 적금, 대학원 적금, 전세 보증금 적금, 되는 대로 만들어 보세요. 직장인은 월급이 정해져 있기에 급한 일이 있을 때 수백만 원의 돈을 융통하는 게 쉽지 않습니다. 저희도 마이너스 통장이 있긴 하지만 이자가 적더라도 적금을 들어 매달 조금씩 월급을 모아 놓는 게 마음 편합니다. 저희도 양가 아버님 칠순 행사를 위한 10만 원짜리 적금이 있습니다. 연이율은 2.09%이며 2년 만기로 개설하였습니다. 북유럽을 가기 위한 5만 원짜리 적금도 있습니다. 몇 년 뒤에 큰돈이 나갈 계획이 생기면 즉시 적금 통장부터 개설합니다. 만 원이라도 자동 이체를 걸어놓고 잊어버리고 살다 보면 어느 날 만기가 된 통장을 선물로 받게 됩니다.

1장. 경제공부

10

노후 설계
퇴직 후를 꿈꾸며

사회에서의 직급은 내가 잠시 빌려 입는 옷에 불과합니다. 저렴한 기성품을 걸쳤건 값비싼 수제품을 입었건 간에 빌린 옷을 반납하고 나면 온전한 나의 모습이 드러납니다. 민낯의 나를 마주할 때 당황하거나 절망하지 않으려면 옷을 입은 상태일 때 미래를 위해 내게 잘 맞는 편안한 옷을 준비해야 합니다.

 퇴직 이후를 상상해 보셨나요? 퇴직이 두려우신가요? 이루고 싶은 꿈이 있으신가요? 퇴직 후에는 무엇을 하며 지내실 건가요? 평범한 직장인이라면 언젠가는 회사를 떠나야 합니다. 가게나 회사를 운영하는 사장이라도 언젠가는 자리에서 물러나야 합니다. 보통 우리는 은퇴하기까지 시간이 많이 남았다고 생각합니다. 오늘 살기도 바쁜데 먼 미래까지 계획을 세우는 건 쉽지 않습니다. 설마 굶어 죽기야 하겠냐는 막연한 생각으로 현재를 살아가기도 합니다. '은퇴? 나는 돈이 없어 죽을 때까지 일해야 되는데'라고 생각할 수도 있습니다. 그렇기에 지금부터 퇴직 이후 어떻게 살아갈지, 무엇을 하며 살아갈지를 고민해야 합니다.

저희는 아이가 없어 육아와 교육비는 신경 쓰지 않아도 되지만 아이가 있다면 노년을 준비한다는 자체가 버겁게 느껴질지 모릅니다. 제 남동생도 아이가 두 명이라 검소하게 살아도 저축을 많이 하지 못하는 상황인데요. 미래를 생각할 여유가 없을수록 아이 교육비를 줄여서라도 매달 10만원이라도 미국 ETF 주식을 사서 장기 보유 해야 한다고 생각합니다. 일반 저축만으로는 인플레이션을 따라갈 수 없습니다. 반드시 투자가 병행되어야 하는데 지금 당장 비교적 안전하게 돈을 불릴 수 있는 방법은 인덱스 펀드 장기투자가 가장 좋습니다.

한국은 다른 선진국과 비교하면 초고령 사회로 진입하는 속도가 매우 빠릅니다. 통계청이 2020년 발표한 자료에 따르면 2047년 65세 이상 독거노인의 비중이 인구의 50% 이상이 될 것이라고 합니다. 우리가 관심을 기울여야 하는 부분은 노년의 삶을 위해 철저한 대비를 하고 있느냐 하는 것입니다. 우려스럽게도 한국의 노인 빈곤율은 경제협력개발기구(OECD) 회원국 중 독보적으로 높습니다. 통계청이 발표한 '2020년 고령자 통계'를 보면 2017년에 한국의 66세 이상 노인의 상대적 빈곤율은 44%에 달했다고 합니다. 현재 한국 어르신의 절반이 근근이 생계를 유지하고 있다는 뜻입니다. 기대수명은 점점 늘어나고 있으니 우리는 노년의 삶에 대해 진지하게 생각해야 합니다. 노인 빈곤율이 이렇게 높은데도 많은 이들이 심각성을 깨닫지 못하고 있습니다. 한국인 중 노후를 준비하고 있다는 응답은 인구의 5%도 채 안 된다고 합니다. 노년의 시기는 예측한 것보다 빨리 다가오고 생각했던 것보다 훨씬 오래 지속됩니다.

저희 부부는 퇴직 후의 삶에 대해 가끔 이야기합니다. 저는 직장에 다니지 않아 퇴직을 할 수도 없지만 회사를 다니는 남편의 정년퇴직 나이는 57세입니다. 하지만 남편은 저의 바람 때문에 몇 년 일찍 조기퇴직을 하려고 계획을 세우고 있습니다. 지금 남편이 하는 일은 본인의 적성에도 잘 맞고 사람들의 삶을 편리하게 하는 데 도움을 주기에 만족하고 있습니다. 하지만 반평생을 한 직업에 몰두한 후 인생의 후반기에는 화가라는 직업을 선택하여 그림을 그리는 데 시간을 쏟아보려 합니다. 퇴직 후 저희는 한국과 외국의 여러 지역을 돌아다니며 그곳에서 2년씩 살아 보려 합니다. 남편은 그 지역에 머무는 동안 구석구석을 그림으로 그리고 저는 그곳에서의 삶을 글로 쓰며 살고 싶은 소망이 있습니다. 그림과 글을 함께 묶어 책을 낼 계획도 세워 봅니다.

그럼 남편이 퇴직한 후에는 무슨 돈으로 살아갈 건지 궁금하실 텐데요. 인세를 받아 살면 된다고 당당하게 말할 수 있으면 좋겠지만 대부분의 작가 연봉이 240만 원이라는 말이 있을 정도로 출판업계가 열악한 상황이니 다른 계획도 세워 놓아야 합니다. 그래서 저희는 40살부터 55살까지 15년 동안 최대한 절약하며 돈을 모으려 노력합니다. 부모에게 받을 유산도 없고 자식도 없으니 노인이 되었을 때 경제적, 육체적으로 자립할 수 있도록 지금부터 차근차근 준비하려고 합니다.

노년에 소득이 없어도 삶을 꾸릴 수 있기 위해서는 불로소득이 필요합니다. 임대 부동산 소득, 예금에서 나오는 이자나 연금 소득, 투자에서 오는 배당금, 인세, 저작권, 금 등을 불로소득이라 할 수 있겠습니다. 이 중 그나마 쉽게 접근할 수 있는 건 연금을 넣는 것입니다. 연금은 기본적으로 개인연금, 퇴직연금, 국민연금이 있으면 안정적이라고 말합니다. 연금에도 세금이 붙습니다. 노후에는 연금에 의지하는 부분이 크기에 연금도 절세 전략이 필요합니다. 국민연금은 세금을 원천 징수 하여 지급하고 퇴직연금, 퇴직 소득세, 개인연금은

1장. 경제공부

연금소득세를 매깁니다. 항상 세금을 의식해야 합니다.

　개인연금은 은행이나 보험사에서 운영하고 국민연금은 정부가 관리합니다. 개인연금은 20년 뒤에도 물가상승률이 반영되지 않고 내가 넣은 금액만 돌려받지만 국민연금은 물가상승률을 반영해 돈을 더 줍니다. 이젠 국민연금을 넣어 봤자 나이가 들면 얼마 못 받을 것이라고 많이 얘기하는데요. 부모님 세대와 비교하면 맞는 말이고 앞으로도 받을 수 있는 금액은 점점 더 줄어들 것입니다. 그렇다 하더라도 국가에서 운영하는 연금이기에 상대적으로 안정성이 있다고 볼 수 있습니다. 저도 직장은 없지만 국민연금은 따로 넣고 있습니다.

　현재 국민연금의 의무 가입 연령은 60세나 본인이 원하면 65세까지 추가로 보험료를 낼 수 있는 '임의 계속 가입' 제도가 있습니다. 연금 수령 시기도 최대 5년까지 늦출 수 있고 1년씩 늦출수록 연금액은 7.2% 늘어납니다. 만약 제가 65세가 되어 월 100만 원을 받을 수 있는데 5년 늦춰 70세부터 받기로 한다면 136만 원을 받게 됩니다. 몇십 년 뒤에는 136만원이라는 돈의 가치가 지금과 다를 텐데 라고 생각할 수도 있는데요. 이 금액은 현재 내가 연금을 수령한다고 했을 때 받는 금액이고 미래에는 물가상승률을 반영해 연금 수령 금액도 늘어나게 됩니다.

　65세부터는 적은 금액이라도 국민연금을 받을 수 있지만

55세부터 65세까지 10년간은 어떻게 살아야 할까요? 그래서 개인연금, 퇴직연금, 펀드, 예금 등이 필요합니다. 근로나 자산 운영 등을 통해 얻는 유·무형 자산이 소득입니다. 일반적인 월급쟁이를 예로 들면, 일을 하고 받는 월급이지요. 그런데 대개의 경우 노동자는 일정 나이가 되면 퇴직을 하게 되므로 특정 기간 동안에만 돈을 벌 수 있습니다. 이에 반해 우리가 계속 보유할 수 있는 건 재산입니다. 현재 얼마나 많이 버느냐가 중요한 게 아니라 얼마나 저축을 하고 있느냐가 중요합니다. 매달 적은 돈이라도 저축한다면 몇십 년 후 큰 재산이 됩니다.

한 달을 살아가려면 얼마가 필요할까요? 저는 한 달을 살 때 최소한 얼마의 돈이 필요한지 매달 실험하며 조금씩 생활비를 줄여나갑니다. 소비하지 않으면서도 불편함 없이 살 수 있도록 삶의 방식을 바꾸고 있습니다. 이 실험을 통해 최소 생계비만으로도 안정적이고 편안함을 느끼며 살 수 있다면 은퇴 후에도 많은 자금이 필요 없습니다. 연금과 예금만으로 충분히 삶을 즐길 수 있으려면 지금부터 연습해야 합니다. 살림 규모를 줄이면 소비는 줄어듭니다. 사용하는 물건이 적을수록 낭비는 줄어듭니다. 단순하게 살면 살림도 쉽습니다.

여기서 예금과 적금만으로 퇴직 생활이 가능하다는 건 신체가 건강하다는 걸 전제로 했을 때입니다. 아프기 시작하면 병원비로 들어가는 돈은 끝도 없고 의료비용 때문에 가계가 파산하는 건 순식간입니다. 통계청이 2019년에 발표한 자료에 따르면 한국인의 평균 기대 수명은 83세입니다. 하지만 아무리 건강한 사람도 70세가 넘으면 신체기관들이 하나둘 위험 신호를 보내기 시작합니다. 젊을 때부터 건강을 챙기지 않으면 10년이 넘는 세월 동안 병원을 집처럼 들락날락할 가능성이 매우 높습니다. 저희 부모님은 지금까지 큰 병 한번 걸리신 적 없고 고혈압조차 없으시지만 연세가 드실수록 몸이 쇠약해지는 건 막을 수가 없습니다.

주변만 둘러봐도 부모님 병간호로 힘들어하는 지인들이 많습니다. 부모님을 요양원에 모신 가족도 있고 형편이 되지 않아 집에서 돌보는 가족도 있습니다. 부모 중 한 분만 아파도 가족 구성원 모두 정신적, 경제적 고통을 겪습니다. 경제력이 중요한 이유는 바로 여기 있습니다. 돈이 행복을 가져다주지는 못하더라도 일상에서 일어나는 많은 문제를 해결할 힘이 있기 때문입니다. 특히 더는 일을 하기 힘든 노년의 시기를 맞이할 때 경제력은 절박할 정도로 중요해집니다. 현실은 냉혹합니다. 긍정적인 마음으로 살아가되 냉철한 시각으로 미래를 준비해야 합니다.

저는 일주일에 한 번 온라인으로 장을 보고 슈퍼에 가면 필요한 식품만 사서 나옵니다. 고기, 달걀, 유제품을 거의 구입하지 않기에 제철 과일과 야채를 마음껏 사도 비용이 많이 들지 않습니다. 식품과 생필품은 비축하지 않고 다 떨어지면 그때 삽니다. 집에서 5분 거리에 슈퍼가 있고 인터넷으로 주문해도 이틀이면 물건을 받을 수 있으니 슈퍼나 마트를 우리 집 창고라 생각하고 이용합니다. 사고 싶은 물건이 생기면 우선 장바구니에 넣어 두고 하루나 이틀을 기다려 봅니다. 시간 여유를 가지고 나면 대부분 사지 않아도 되겠다는 판단이 듭니다.

절약할 수 있는 부분은 최대한 절약하지만 그렇다고 제가 돈을 아끼기만 하는 건 아닙니다. 저는 가족 모임이나 행사에 돈을 쓰는 데는 절대 인색하지 않습니다. 최선을 다해 양가 부모님을 대접하고 필요한 것이 있는지 항상 살핍니다. 또한 일상생활에서 현재의 기쁨이나 즐거움도 놓치지 않으려 노력합니다. 남편은 학원에서 기타를 배우는데, 매달 9만 원이 듭니다. 혼자서도 능숙하게 할 수 있는 실력을 키울 때까지 배우려고 합니다. 남편과 함께 일주일에 두 번 탁구를 치고, 토요일마다 수영장에 가는데 매달 10만 원이 듭니다. 시에서 운영하는 체육관을 선택했기에 수강료가 저렴합니다. 겨울에는 스키를 타러 가기도 합니다. 성수기를 피하고 옷과 간식을 챙기고 셔틀버스를 이용하면 의외로 지출 비용이 크지 않습니다.

1장. 경제공부

바쁜 시간을 쪼개 꾸준히 취미 활동을 하는 것은 건강을 위해서이기도 하지만 몸을 움직일 때 만족을 느끼기 때문입니다. 악기를 배우고 운동하는 시간은 몸이 직접 경험하는 순간이기에 젊을 때와 나이가 들었을 때 몸이 느끼고 받아들이는 감각은 달라집니다. 음악의 감각, 움직임의 감각이 쌓이면 취미를 즐길 수 있는 시간적 여유가 많아졌을 때 감사하며 누릴 수 있으리라 생각합니다. 60세에 은퇴하고 100세까지 산다고 가정하면 내 마음대로 쓸 수 있는 시간이 40년이나 펼쳐집니다. 그 시간을 풍요롭게 활용할지 빈곤하게 사용할지는 지금부터 내가 배우고 익히는 삶의 방식에 따라 달라질 수 있습니다. 어느 항목에서 소비를 줄이고 필요한 부분은 지출할지 잘 모르시겠다면 은퇴 후에 내가 무엇을 할지를 고민해 보세요.

당장 돈을 아껴 써야 한다고 생각하면 우울한 마음이 들 수도 있습니다. 하지만 내가 정한 기준보다 훨씬 적은 돈으로 살아가는 사람도 많습니다. 지금 처한 상황을 불평한다고 해서 도와줄 사람은 아무도 없습니다. 그리고 돈을 좀 아끼는 것은 그동안 여러 차례 겪어 왔고 앞으로도 발생할 수많은 어려운 다른 일들과 비교하면 아무것도 아닌 것 같습니다. 미래에 어떤 불행한 일이 내 앞에 펼쳐질 때 흔들리지 않으려면 지금부터 조금씩 살림의 규모를 줄이는 과정이 필요합니다. 내가 지금 어떤 집에 살고 어떤 차를 모는지는 전혀 중요하지 않습니다. 주식이나 은행 잔고처럼 눈에 보이지 않는 자산이 훨씬 중요합니다. 저처럼 부자가 아닌 평범한 일반인이 불확실한 미래를 대비하는 방법은 간단합니다. 현재의 생활수준을 좀 더 낮추고 저축을 늘리며 적은 금액이라도 꾸준히 우량주식을 사 모으는 것입니다. 너무 쉬운 해답이라 비웃을 수도 있겠지만 막상 실천하기는 어렵습니다.

절약
공부

생필품
어디까지 아껴 봤니?

생필품의 정의는 사람마다 다릅니다. 치약 대신 맹물로 칫솔질을 하고 로션조차 바르지 않으며 휴지 대신 소창 수건을 사용하는 사람이라면 생필품이란 말은 무의미한 개념일지 모릅니다. 생필품 없이 살기는 힘들지만 지금 사용하고 있는 물건이 반드시 필요한가는 생각해 보면 좋겠습니다.

평소 치약 얼마만큼 짜서 쓰시나요? 오래전 치약을 생산하는 한 기업에서 어떻게 하면 치약 매출을 올릴 수 있을지 고심하였는데요. 누군가 치약이 나오는 입구를 더 크게 만드는 건 어떻겠냐고 제안했고, 치약 구멍을 넓히자 치약 매출이 급격히 상승하였다고 합니다. 치약 광고에서도 칫솔에 치약

2장. 절약 공부

을 쭈욱 짜 올려놓잖아요. 실제 그 정도 양으로 양치를 하면 입 안이 온통 거품으로 가득 차 버립니다. 치약은 검은콩 한 알 정도의 양이면 충분합니다. 거품은 풍성하지 않아도 됩니다. 칫솔로 구석구석 꼼꼼히 닦은 후 여러 번 헹구는 것이 중요합니다. 연마제, 계면활성제가 들어 있는 치약이 입 안에 남지 않도록 말이지요.

치약, 휴지, 비누 등은 일상생활에서 꼭 필요한 생필품으로 분류됩니다. 생필품은 거의 모든 사람이 일생 동안 소비하는 상품입니다. 가구 같은 경우는 수리하며 평생 쓸 수도 있지만 생필품은 재활용이 어려운 소모품입니다. 생필품은 가격이 저렴하고 항상 써 왔던 것이기에 관심이 없었다면 한 번쯤은 내가 사용하는 품목과 양을 점검해 볼 필요가 있습니다. 앞으로 몇십 년 동안 끊임없이 돈을 지출해야 하는 항목이니까요.

최고의 방법은 생필품 범위를 줄이는 것입니다. 반드시 사야 할 생필품이 적어지면 그만큼 돈이 절약됩니다. 랩, 키친타월, 물티슈 등은 있으면 편리하겠지만 저는 처음 살림할 때부터 사용하지 않았기에 필요성을 느끼지 않고 있습니다. 정말 필요하다고 생각했던 생필품도 막상 없으면 또 없는 대로 살 수 있습니다. 저는 섬유탈취제, 보디 워시, 샴푸와 린스, 섬유유연제, 락스 등 여러 용품들도 구입하지 않는데요. 처음 시작은 화학 물질로부터 내 몸을 보호하고 플라스틱 쓰레기를 줄이기 위해서였는데 결과적으로는 돈이 절약되었습니다.

우리의 편의를 돕고 더러움을 제거하는 제품 대부분은 파라벤과 합성계면활성제(소듐라우릴설페이트)가 포함되어 있습니다. 이런 성분들이 몸 속에 흡수되어 쌓이면 다양한 질병을 일으키는 원인이 됩니다. 상품 뒷면에 표시된 전 성분을 하나하나 살펴보세요. 전 성분은 성분 함량이 많은 순서로 표시됩니다. 제품을 고를 때마다 거기에 어떤 성분이 들어있는지 확인하는 습관을 길러야 합니다. 모호한 설명으로 성분을 표시하는 경우도 있습니다. 예를 들면 천연펄프 함유 혹은 순면 감촉의 원단이라고 적혀 있는 물티슈 같은 경우인데요. 천연펄프가 얼마나 들어 있는지, 원단은 정확히 어떤 재질인지는 전혀 표시되어 있지 않습니다. 대부분의 물티슈는 재생섬유인 레이온과 플라스틱 계열 합성섬유인 폴리에스테르(PET)를 혼방해 만듭니다. 어떻게 보면 플라스틱 물티슈인 셈이지요. 또한 포장지에 적힌 문구를 살펴보면 페퍼민트, 유해물질 불검출, 올리브나무, 항균력 99.9% 등의 표시를 한 물티슈가 많습니다. 티슈에 물을 적셔 놓았는데 몇 달이 지나도 아무 냄새가 나지 않는다면 그 안에는 살균제나 방부제 같은 화학물질이 포함되어 있다는 뜻입니다. 물은 세균증식을 돕는 역할을 하기 때문에 화학물질을 소량이라도 넣어야 방지가 되거든요.

플라스틱을 땅속에 묻으면 썩어 분해되는 데 수백 년이 걸린다고 합니다. 또한 매년 수백만 톤의 플라스틱 쓰레기가 바다로 유입되어 50%가 넘는 해양 생물의 생존을 위협하고 있습니다. 버리지 않더라도 플라스틱은 재활용으로 분류되니 괜찮을 거라 생각할 수도 있습니다. 슬프게도 전 세계에서 한 해 동안 나오는 수백억 장의 비닐봉지 중 약 1% 정도만이 재활용된다고 합니다. 10%가 아닙니다. 플라스틱병 재활용도 4%를 넘지 못한다고 합니다. 나머지는 쓰레기장에 매립되거나 바다에 그대로 버려집니다. 따라서 생필품 범위를 줄이면 환경에 큰 도움을 줄 수 있습니다. 돈도 절약하고 지구도 지키는 셈이지요.

저는 보디 워시를 사용하지 않고 물로만 몸을 씻은 지 10년이 넘었는데요. 매일 샤워를 한다면 물로만 씻어도 몸은 충분히 깨끗해집니다. 우리 몸에서 땀과 노폐물을 많이 배출하거나 오염되기 쉬운 손, 발, 겨드랑이, 생식기 등만 비누로 살짝 씻어 주면 됩니다. 머리를 감을 때 사용하는 린스는 머리카락을 부드럽게 해 주는 용도입니다. 머리카락이 짧다면 샴푸로도 충분하지만 대부분의 여성은 린스가 필요하다고 느낍니다. 하지만 린스는 화학 물질이 많이 포함된 세제이기에 머리카락을 약하게 만들고 두피에 바로 흡수되어 신체에도 영향을 미칩니다. 샴푸와 린스를 사용하지 않으면 머리카락 빠지는 게 줄어들고 머리숱이 늘어나는 걸 경험할 수 있을 것입니다.

린스 대용으로 구연산을 사용할 수 있습니다. 구연산은 계면활성제를 비롯한 수많은 첨가물이 들어 있지 않지만 신기하게도 머릿결을 부드럽게 만들어 줍니다. 대야에 따뜻한 물을 받은 후 구연산을 두 스푼 풀어 넣고 머리를 헹궈 주면 됩니다. 며칠에 한 번만 사용해도 충분합니다.

막 세탁한 옷에서 향기가 나면 기분이 좋아집니다. 그런데 우리 코로 들어오는 그 향기는 인위적으로 만든 향으로 몸에는 해로운 물질입니다. 지금 사용하고 있는 섬유유연제의 성분을 살펴보세요. 잘 모르는 용어가 잔뜩 적혀 있다면 경각심을 가져야 합니다. 섬유유연제 대신 구연산을 넣으면 옷은 깨끗이 살균되고 아무 냄새도 남지 않습니다.

일반 주방 세제를 사용하면 거품도 많이 나고 그릇이 뽀득뽀득해지는 기분도 듭니다. 하지만 우리 눈에 보이지 않을 뿐 씻기지 않은 세제가 그릇에 남아 있기 쉽습니다. 잔류 세제가 우리 몸에 흡수될 가능성이 높습니다. 이때 주방 세제 대신 안전하게 활용할 수 있는 건 밀가루, 베이킹소다, 커피 가루입니다. 대부분의 그릇은 따뜻한 물만으로도 충분히 씻을 수 있습니다. 볶음 요리 등을 한 후 프라이팬에 남은 기름기는 원두 드립을 하고 모아 둔 커피 찌꺼기를 넣으면 깨끗이 씻어 낼 수 있습니다. 커피 가루가 없다면 밀가루나 베이킹소다를 풀어 준 후 씻어 내면 됩니다.

두 번째 방법은 생필품을 아껴 쓰는 것입니다. 말처럼 쉽게 되지는 않습니다. 어느 날 남편이 말했습니다. "넌 환경을 생각한다고 물티슈나 비닐 같은 일회용품은 안 쓰지만 휴지는 많이 쓰는 것 같아." '뭐? 나처럼 알뜰하게 살림하는 사람이 어디 있다고!' 순간 발끈하였지만 곰곰이 생각해 보니 남편 말이 옳았습니다. 남편은 코를 풀 때는 손수건을 사용하고 화장실에서 쓰는 것 빼고는 휴지를 사용하지 않습니다. 그동안 전 별 생각 없이 휴지로 코를 풀거나 입을 닦거나 바닥에 떨어진 머리카락을 모으곤 하였습니다. 그 후로 화장실에서나 코를 풀 때 휴지는 몇 칸이면 되는지 따져 보게 되었고 화장지를 최대한 쓰지 않도록 생활 습관을 바꾸어 나갔습니다.

네모난 종이 상자에 담긴 각 티슈는 사지 않지만 선물이 들어올 경우에는 티슈를 반으로 잘라 사용합니다. 종이 상자 측면 부분을 조심스럽게 뜯어 티슈 전체를 꺼내 도마에 올려 놓은 후 칼로 중앙 부분을 슥슥 자릅니다. 반으로 잘린 티슈 두 덩어리를 다시 종이 상자에 넣은 후 테이프로 상자의 뜯긴 측면 부분을 붙여 주면 완성입니다. 티슈 크기가 반으로 줄어들었기에 효율적이면서도 오래 사용할 수 있습니다.

지희 집은 3겹 엠보싱이 된 40m 길이의 화장지를 구입하는데요. 둘이서 한 달에 평균 4개의 화장지를 사용합니다. 3개로 줄이는 게 목표인데 정말 어렵습니다. 18롤 화장지 가격이 11,500원이니 일 년에 화장지 비용으로 34,500원이 듭니다. 욕실 세제, 주방 세제, 세탁 세제 역할을 하는 구연산, 과탄산소다, 베이킹소다 구입 비용으로 일 년에 약 20,000원이 듭니다. 샴푸, 비누, 치약, 칫솔 구입 비용으로 일 년에 약 55,000원이 듭니다. 저와 남편이 일 년간 사용하는 총 생필품 비용은 11만 원 정도이고 앞으로 40년간 더 살아 있다고 가정하면 440만 원을 쓰게 됩니다. 정말 엄청난 비용이네요. 무심코 구입했던 생필품을 하나하나 점검해 보고 일 년 치 구입 비용을 따져 본다면 어느 부분을 절약할 수 있을지 실마리가 보입니다. 절약하는 게 궁상맞아 보일 수도 있습니다. 그런데 막상 실천해 보면 의외로 재미가 있습니다. 왠지 게임에 참여하는 기분도 듭니다. 심지어 이건 가상 게임도 아니고 실제 체험 게임이니 얼마나 생생하게 느껴지는지 모릅니다.

02

의복
옷 실밥을 제거합니다

인간의 고귀함은 눈빛에서 나옵니다. 인간의 아름다움은
미소에서, 쾌활함에서, 자연스러운 몸짓에서 나타납니다.
허름한 옷을 입어도 당당하게 에너지를 발산하는 사람이
있습니다.

옷 실밥 강박증이라고 들어보셨어요? 남편이 제게 붙여
준 명칭 중 하나입니다. 심리학자도 아니면서 자꾸만 저를 분
석하는 남편이 얄밉기도 하지만 사실 제가 옷에 붙어 있는 실
밥에 집착을 하긴 합니다. 실밥은 주로 주머니, 단추 끼우는
구멍, 소매 끝, 밑단, 목 칼라 주변에서 발견되는데요. 옷을
사자마자 제일 먼저 하는 일은 쪽가위를 들고 실밥을 제거하

는 깃입니다. 새 옷을 펼친 후 초벌 작업으로 실밥을 자르고 옷을 세탁한 후 다시 한번 옷을 살펴 빼먹었거나 새롭게 발견한 실밥을 제거합니다.

옷을 차려입고 외출을 나왔는데 옷 어딘가에 실밥 하나가 삐죽 나왔거나 풀리려는 걸 발견하면 정말 괴롭습니다. 식은 땀이 나고 심장이 두근거립니다. 이빨이나 손으로 뜯어 버릴 수 있는 실밥이라면 다행이지만 함부로 만졌다가 엉망이 될 것 같다면 그때부터는 눈길을 주지 않도록 애를 써야 합니다. 단추가 풀리려는 실밥은 단추 뒤로 실을 돌돌 말아 놓으면 임시방편으로 버틸 수 있습니다. 주머니 근처에 있는 실밥은 옷 결대로 눕혀 테두리에 딱 붙여 놓으면 눈에 띄지 않습니다. 하지만 밑단이나 애매한 자리에 실밥이 나와 있다면 최대한 빨리 옷에 관심을 끄고 잊어버리려 노력하는 수밖에 없습니다.

왜 실밥에 집착을 하느냐고요? 실밥만 보이지 않아도 옷을 입었을 때 훨씬 단정해 보입니다. 앞코와 굽을 깨끗이 닦은 신발을 신은 사람과 지저분한 신발을 신은 사람을 떠올려 보세요. 낡은 신발이라도 신을 때마다 마른 수건으로 한 번 슥 닦아 주면 당당하게 걸을 수 있습니다. 우리는 알게 모르게 사소한 것으로 상대방을 평가할 때가 많거든요. 누군가의 옷에 머리카락이 달라붙어 있으면 자꾸 그곳에 눈길이 가고 떼어 주고 싶은 마음이 듭니다. 허름한 옷이라도 보풀, 튀어나온 실밥, 구김만 없다면 옷의 격이 높아집니다.

다림질도 실밥 제거만큼 중요합니다. 5천 원짜리 티셔츠라도 다림질을 하면 5만 원짜리 티셔츠처럼 좋아 보입니다. 저는 **빨래**를 한 후 티셔츠, 셔츠, 니트, 원피스 등 구김이 간 옷을 다림질해 놓습니다. 오래 입어 잔물결 같은 보풀이 생길 것 같은 니트도 다림질을 하면 차분하게 가라앉아 예쁘게 입을 수 있습니다. 다림질이 필요 없는 캐주얼한 셔츠도 반듯하게 다려 놓으면 어깨에 각이 잡혀 남편 어깨가 떡 벌어진 것 같은 착시 효과가 생깁니다.

단추의 역할도 중요합니다. 저에게는 베이지색 롱코트가 한 벌 있는데요. 디테일도 좋고 몸에도 잘 맞고 색감도 고운데 뭔가 애매한 느낌이 들어 자주 손이 가지 않습니다. 곰곰이 살펴보니 단추 모양과 재질이 옷에 어울리지 않는 것 같아 인터넷으로 다른 단추를 주문한 후 바꾸어 주었습니다. 단추만 바꿨을 뿐인데 코트가 우아하게 변하더군요. 특히 겉옷은 단추가 차지하는 비중이 높으니 애매한 옷이 있다면 한번 눈여겨보세요. 오래 입어 지겨워진 니트 티는 팔부분만 잘라 조끼로 입을 수 있습니다. 원피스도 아래 위를 분리하여 치마나 티로 만들 수 있습니다. 수선비 몇천 원이면 옷 한 벌이 생기니 그동안 잘 입었던 옷이라면 버리기 전 요리조리 활용해 보세요.

일 년에 한두 번은 옷 소비를 중단하고 휴식 기간을 가져보세요. 3개월간 옷 사지 않기, 양말과 속옷 개수 줄이기, 나만의 캡슐 옷장 만들기 등등 스스로에게 미션을 주고 도전해보세요. 옷장에 옷이 많다고 해서 옷을 잘 입는 사람이 되지는 않습니다. 가진 옷이 적어도 그 옷들이 내게 잘 어울리면 남들은 나를 세련되고 옷 잘 입는 사람으로 생각합니다. 사람들은 각자 자신이 세상의 주인공이라 생각하며 살기에 다른 사람에게 큰 관심이 없습니다. 사람들이 나를 주목하고 있다고 착각하여 매일 다른 옷을 입으려 노력하는 것입니다. 남들의 시선은 걱정하지 말고 새 옷을 구입하기보다 이미 있는 옷을 소중히 여기고 깨끗이 관리하는 편이 더 낫습니다. 어제와 같은 옷을 입어도 어깨와 허리를 펴고 활짝 웃으면 사람이 달라 보입니다.

재킷이나 코트는 평소 두꺼운 옷걸이에 걸어 두어야 어깨선이 망가지지 않습니다. 패딩류는 옷걸이에 걸면 깃털이 한쪽으로 쏠리기에 보관할 때는 두세 번 접어 서랍에 넣어두는 것이 좋습니다. 세탁소에서 드라이클리닝한 옷을 찾아왔다면 비닐을 바로 벗겨 옷걸이에 걸은 후 창문을 열고 환기를 해주세요. 화학 물질이 옷에 남아 있기 때문에 비닐을 씌운 채로 옷장에 보관하는 건 좋지 않습니다. 동네 세탁소라면 비

닐과 옷걸이를 재활용하는지 물어보세요. 저는 드라이클리
닝한 옷을 받자마자 조심조심 비닐을 벗겨 옷걸이와 함께 집
앞 세탁소에 되돌려 줍니다.

　양말에 구멍은 왜 그리 잘 생기는 걸까요? 요즘은 양말이
워낙 싸기 때문에 몇 번 신고 구멍이 나면 꿰매지 않고 버리
는 경우도 있을 텐데요. 발가락이 희한하게 생겨 양말을 한
번만 신어도 구멍이 나는 사람이 있습니다. 제 남편처럼요.
아무리 두툼하고 좋은 품질의 양말이라도 한두 번 신으면 구
멍이 납니다. 심지어 뒤꿈치에도 구멍을 만듭니다. 평소 천
원짜리 양말 한 켤레도 신중하게 구입하는데 자꾸 남편이 귀
한 양말에 구멍을 내니 얼마나 안타까운지 모릅니다. 그렇다
고 발을 탓할 수는 없으니 실과 바늘을 들고 양말을 꿰맵니
다. 양말 구멍이 놀랄 만큼 커도 뒤집어 꿰맨 후 신으면 새 양
말처럼 말끔해집니다. 구멍 난 두툼한 겨울 스타킹도 뒤집어
꿰매면 새 스타킹이 되니 꿰매 보세요. 구멍 난 니트나 티셔
츠도 우선 꿰매어 본 후 꿰맨 티가 난다면 그때 처분해도 늦
지 않습니다.

　운동화도 꿰매 신을 수 있습니다. 몇 년 전 좋은 브랜드의
러닝화를 구입하였는데 일 년도 되지 않아 운동화 솔기 부분
이 뜯어졌습니다. 운동화 끝 부분이 발목 보호를 위해 스펀
지 같은 게 겹겹이 넣어져 있고 바깥 부분은 얇은 폴리에스

테르 재질로 덮여 있있는데 발목과의 접촉이 잦아 금방 닳아 버린 것입니다. 이때 벌어진 부분을 모아 실로 꿰매어 주니 새 신처럼 깔끔해졌습니다. 얇은 실 한 올이지만 그 힘은 막강하니 뭐든 우선 꿰매 보세요. 자신에게는 검소하지만 타인에게는 인색하지 않다면 꿰맨 신발을 신고도 당당할 수 있습니다

주방용품
오래 쓰는 물건 고르기

주방용품도 주인을 따라 나이를 먹어 갑니다. 어느 순간 얼굴에 주름이 지고 몸의 일부분이 삐걱거리기 시작합니다. 오랫동안 사용해 손때가 묻고 낡아진 물건도 애정만 있으면 평생 함께할 수 있습니다.

'디드로 효과'란 말이 있습니다. 하나의 물건이 생기면 그것과 어울리는 다른 것도 소유하고 싶어지는 현상을 말하는데요. 18세기 철학자 드니 디드로가 《나의 오래된 가운을 버림으로 인한 후회》란 에세이에서 언급한 내용입니다. 어느 날 디드로가 친구에게 세련된 가운을 선물로 받았습니다. 가운을 입고 낡은 의자에 앉은 그는 가운과 의자가 어울리지 않는나는 생각이 들어 의자를 바꿨다고 합니다. 그다음엔 책상을 바꾸고 나중엔 방 안의 가구 전체를 바꾸게 되었다는 이야기이지요.

누구나 한 번쯤 그런 경험 있으시지요? 제게 그건 다구와 찻잎이었습니다. 처음에는 그냥 차가 좋아 마셨을 뿐인데 차를 담는 우아한 찻잔이 필요해지고 잎차를 보관하는 틴 케이스도 사야 합니다. 찻잎을 재는 저울, 티 메이저, 찻주전자 등 수많은 물건을 구입하다 정신을 차렸을 땐 이미 디드로가 되어버린 후였죠. 그것뿐인가요. 요리를 한답시고 사들인 각종 살림 도구 역시 부엌에 가득하였습니다. 물건을 줄이기로 결심한 후, 하나씩 모은 비싼 찻잔과 주방 살림을 정리하며 자주 사용할 만한 물건만 남겨두었습니다.

10년간 살림을 해 보니 정말 도움이 되고 활용도가 좋은 물건이 있습니다. 도마는 통나무로 만든 것이 좋습니다. 도마도 여러 개 필요 있나요? 하나면 됩니다. 고기나 생선을 손질할 때는 도마 위에 우유갑이나 종이 포일을 펼쳐놓고 사용하면 좋겠지요. 저는 캄포로렐로나무로 만든 도마를 사용하는데 10년이 되었지만 여전히 견고하고 끄떡없습니다. 나무 도마는 사용 후 씻어 공기가 잘 통하는 곳에 두면 잘 말라 뒤틀림 없이 사용할 수 있습니다. 가끔 레몬즙이나 베이킹소다를 뿌려 소독해 주면 좋겠지요. 도마와 짝꿍을 이루는 칼

2장. 절약 공부

도 잘 골라야 합니다. 저는 칼도 딱 하나인데 독일에서 만든 스테인리스 제품을 사용하고 있습니다. 좋은 칼은 손으로 잡았을 때 손목에 무리가 없고 칼날이 튼튼하며 안정감이 있어야 합니다. 여러 종류의 칼을 쓰다 보면 어떤 칼이 나에게 맞는지 알 수 있습니다. 칼과 도마는 자주 사용하는 것이니 처음부터 좋은 제품을 구입하면 오래 사용할 수 있습니다. 주방 가위는 날이 분리가 되는 스테인리스 가위를 사용하는데요. 전체가 스테인리스 재질인 데다가 날을 분리할 수 있어 깨끗이 세척할 수 있습니다. 가위 날이 무뎌지면 알루미늄 포일에 여러 번 가위질을 해주세요. 날이 날카롭게 연마됩니다.

수저, 젓가락, 면기, 샐러드 볼은 방짜유기를 사용합니다. 구리와 주석을 78 대 22의 비율로 섞어 고온에서 녹인 후 망치로 두들기고 때려 만든 것이 방짜유기인데요. 불그스레한 금빛을 띄는 방짜유기는 보기에도 아름답고 쓰면 쓸수록 광택이 납니다. 튼튼하고 멸균 효과가 있으며 음식의 뜨거움과 차가움을 오래 유지해 줍니다. 방짜유기 관리가 까다롭다고 생각하실 수도 있는데요. 처음 샀을 때 딱 한 달만 설거지 후 마른 수건으로 물기를 닦아주면 됩니다. 쓰다 보면 수저 같은 경우 검게 변하거나 얼룩지는 부분이 생기기도 하는데요. 중금속이 포함된 식품이 수저의 표면에 닿아 그런 것이라고 합니다. 그럴 땐 흔히 사용하는 녹색 수세미에 물을 살짝 묻혀 얼룩 부분을 살살 문지르면 없어지니 마르고 닳도록 사용할 수 있습니다.

프라이팬은 스테인리스로 된 팬 하나만 사용합니다. 살짝 깊이가 있는 팬을 고르면 많은 요리를 팬으로 할 수 있습니다. 스테인리스 팬은 바닥이 긁혀도 유해물질이 나올 위험이 거의 없고, 일반 코팅 팬에 비해 기름을 오래 머금고 있으며 따뜻한 물만으로도 기름기가 쉽게 제거됩니다. 스테인리스 팬을 선뜻 사용하지 못하는 이유는 불 조절이 어렵다는 인식 때문일 텐데요. 가스 불을 켜고 딱 2분만 예열한 후 기름을 두르면 어떤 재료를 넣어도 달라붙지 않습니다. 스테인리스 팬이 두껍기에 바닥에 열을 전달하려면 얼마간의 시간이 필요합니다. 인덕션을 사용하는 경우에는 좀 더 시간이 필요합니다. 예열을 충분히 하지 않은 채 기름을 두르고 달걀을 탁 넣으면 흰자가 그대로 바닥에 달라붙는 대참사가 일어나니 예열하는 것을 잊지 마세요.

냄비는 무쇠 냄비를 사용합니다. 작은 냄비는 밥을 짓거나 죽을 만들 때 사용합니다. 중간 크기의 냄비는 카레, 조림, 김치찌개를 할 때 사용합니다. 큰 냄비는 잼을 만들거나 각종 찜을 할 때 사용합니다. 라면은 열전도가 빠른 스테인리스 냄비에 끓이는 것이 낫지만 시래기조림이나 김치찜처럼 뭉근하게 오래 끓여야 하는 요리는 무쇠 냄비가 좋습니다. 무쇠

2장. 절약 공부

냄비는 저수분 요리가 가능하고 재료의 맛을 잘 살려 줍니다. 재질이 무쇠라 오랜 기간 사용할 수 있습니다. 다만 냄비가 생각보다 무겁기 때문에 손목이 약한 사람은 주의해야 합니다. 처음 무쇠 냄비를 구입하였다면 길들이기를 한번 해 주면 좋습니다. 미지근한 물로 냄비를 씻은 후 기름을 두르고 가스 불에 올려 중불로 가열합니다. 냄비가 달궈지면 불을 끄고 식힌 후 다시 기름을 둘러 한 번 더 가열합니다. 완전히 식힌 후 깨끗하게 씻어 사용하면 됩니다.

공공요금
샤워 시간을 1분만 줄여 보세요

지구가 푸르게 빛나는 것은 수만 년 동안 살아 있는 산과 들과 바다의 생명력 때문입니다. 우리는 잠시 지구의 초대를 받아 이 땅에 머무르는 존재이니 자연을 존중하고 아끼는 마음을 가져야 합니다.

"불 좀 끄고 다녀라. 대낮에 왜 불을 켜 놓니?" 어디선가 엄마의 목소리가 들려오는 것 같습니다. 저는 환한 걸 좋아해요. 겨울보다는 여름이 좋고 비 오는 날보다는 햇빛 쨍쨍한 날을 좋아합니다. 어렸을 적부터 낮에도 늘 전등을 켜 놓았고 엄마는 늘 전등을 껐습니다. "엄마는 어둠의 자식이야? 왜 자꾸 불을 꺼!" 하며 엄마에게 짜증을 낸 적도 많았지요. '전기 좀 아껴라, 물 좀 아껴라' 하는 말을 귓등으로 들으며 자랐는데요. 결혼을 한 후 매달 전기요금과 수도요금을 납부하고 보니 그제야 전기와 물을 아껴야겠다는 마음이 들었습니다. 매달 몇만 원씩 요금을 지불하는 게 너무 아깝더라고요. 평생 동안 지출해야 하는 고정 비용이니 평소 아껴 쓰는 습관을 들여야겠다고 생각했습니다.

전기를 아끼는 가장 좋은 방법은 전기 사용을 줄이는 것입니다. 저는 밖에 잠깐 나갈 경우에는 거실 불을 끄지 않고 나가곤 하였는데요. 이제는 밖에 나갈 때는 무조건 전등을 끕니다. 대낮에는 불을 켜지 않고 저녁에는 남편과 머무는 공간에만 불을 켜놓습니다. 가전제품을 고를 땐 에너지 효율 등급이 1등급인지 확인하며 세탁기처럼 사용 시간보다 대기 전력 소비가 높은 가전제품은 멀티탭을 달아 전원을 차단합니다. 청소기는 소음이 심하고 돌릴 때 본체에서 공기가 배기구로 빠져나갈 때 또 다른 먼지를 일으키기에 사용하지 않습니다. 대신 하루에 한 번 긴 막대 걸대로 물걸레질을 해 줍니다. 매일 청소를 하면 청소기를 돌릴 필요 없이 물걸레질 한 번만으로 충분합니다. 28평을 청소하는 데 딱 10분 걸립니다. 청소기로 청소하는 것보다 효율적인 것 같지 않나요?

지금까지는 전기를 아껴 쓸수록 전기요금이 줄어들기에 관리비 내역을 볼 때마다 기분이 좋았는데요. 2021년부터 선기요금이 개편되어 월 200kWh 이하 전력 사용 가구에 월 4,000원까지 할인해 주던 '필수 사용량 보장 공제' 제도가 50%로 축소되고, 2022년 7월 전면 폐지 된다고 합니다. 정부가 발전 원가가 저렴한 원자력 발전 대신 비싼 엘엔지(LNG) 냉열 발전이나 태양광 발전으로 바꾸려 하기에 그 대체 비용을 가정과 기업이 더 내야 하는 상황이 되어 버리는 거죠.

수돗물 사용을 줄이기 위해서는 세숫대야를 적극 활용하면 좋습니다. 머리를 감을 때 대야에 물을 받아 사용해 보세요. 저는 사죄하듯 욕조에 무릎을 꿇고 허리를 숙인 후 대야에 물을 받아 머리를 담급니다. 제가 대야를 사용하게 된 계기는 오래전 한 텔레비전 프로그램에서 머리 감는 실험을 본 이후부터였는데요. 참가자가 샴푸로 머리를 감은 후 샤워기로 머리를 헹궜을 때는 샴푸가 잘 제거되지 않았는데 대야에 물을 받아 헹군 후 측정했을 때는 잔류 세제 없이 깨끗해진 모발을 확인할 수 있었습니다. 그때부터 샴푸를 깨끗이 헹궈 내기 위해 대야에 물을 받아 감기 시작했는데요. 이게 의외로 물 절약에 큰 도움이 되더라고요.

양치할 때 양치 컵을 이용해도 물이 몇 배로 절약됩니다. 정확히 몇 배인지 궁금하시죠? 그래서 직접 실험해 보았습니다. 집에 있는 양치 컵을 사용하면 3컵(750㎖)이면 충분한데 물을 틀어 놓고 입을 헹구니 11컵(2,750㎖) 분량이 소모되더라고요. 거의 4배 차이입니다. 샤워할 때는 샤워 시간을 1분만 줄여 보세요. 샤워기 호스에서 나오는 물을 대야에 10초간 받아보면 1.5리터 정도 모입니다. 1분이면 9리터의 물이 모이겠지요. 저는 하루에 끓인 물을 1.5리터 마시는데 샤워 시간을 1분 줄이면 6일 치 물을 절약할 수 있는 셈입니다.

설거지할 때는 물을 졸졸졸 나오게 틀어 놓아도 깨끗하게 그릇을 닦을 수 있습니다. 수도를 사용한 후에는 항상 냉수 쪽으로 수도꼭지를 돌려놓는 것이 좋습니다. 꼭지를 온수 쪽으로 해 놓으면 수도가 온도 유지를 위해 예열하기 때문입니다. 변기통 물도 절약할 수 있습니다. 변기 뚜껑을 열면 둥근 원통형 기둥이 있고 기둥에 수량을 조절하는 추가 달려 있는데 그걸 아래로 조금 내려놓으면 됩니다. 아래쪽으로 내리는 만큼 물통의 양이 줄어 물을 조금만 사용할 수 있습니다. 다른 구조의 변기라면 페트병에 물을 채워 넣어두거나 벽돌 하나를 집어넣으세요.

저는 손발이 차기 때문에 겨울이 되면 혈액 순환에 도움이 되는 반신욕을 좋아합니다. 하지만 반신욕을 할 때 들어가는 어마어마한 물 양을 생각하면 선뜻 욕조에 물을 채우기 두려워지는데요. 그래서 생각한 방법이 욕조에 물을 3분의 1만 넣는 것입니다. 욕조에 발을 쭉 뻗고 앉았을 때 물 양이 딱 배꼽까지 오는 정도면 충분합니다. 상체를 물속으로 좀 더 가리앉히고 무릎을 모으면 문자 그대로 딱 반신욕이 됩니다(살짝 초라해 보일 수는 있지만 뭐 어때요. 아무도 안보는걸요). 하지만 물을 적게 넣기 때문에 열이 금방 날아가는 단점이 있습니다. 이때 욕조 덮개를 사용하면 덮개가 열이 발산되는 것을 막아 주기 때문에 몸도 따뜻해지고 반신욕 효과도 제대로 누릴 수 있습니다. 욕조 물에는 구연산을 한 스푼 넣어 주세요. 구연산은 입욕제로도 사용할 수 있고 물때 제거 효과도 있어서, 반신욕 후 물을 뺄 때 수세미로 욕조를 문질러 보세요. 청소가 훨씬 쉬워집니다. 물은 지구 표면의 70%를 차지하고 있는데 그중 97.5%가 바닷물이라고 합니다. 환경부에 따르면 식수를 포함하여 생활에 사용할 수 있는 물은 0.075%밖에 안 된다고 하네요. 한국은 물값이 저렴하고 어디서든 물을 사용할 수 있는 자유를 누리지만 아직도 지구 곳곳에서는 20억 명이 넘는 사람들이 깨끗한 물을 공급받지 못하고 있습니다. 물은 정화하여 사용할 수 있는 자원입니다. 하지만 후손까지 대대로 이어 써야 하니 물을 아끼는 건 개인 경제에 도움이 될 뿐만 아니라 지구를 살리는 데도 큰 힘이 됩니다.

서울은 에코마일리지, 경기도와 지방은 탄소포인트제라 불리는 시민 참여 프로그램이 있습니다. 도시가스, 전기, 상수도 이용이 전년도에 비해 적으면 상품권을 주거나 통장으로 돈을 넣어 줍니다. 저도 2년 전에 신청하였는데 잊어버릴

만하면(일 년에 두 번) 통장에 돈이 들어옵니다. 합쳐 보니 5만 원이 넘는 금액입니다. 에너지도 절약하고 돈도 받고 왠지 더 의욕이 생기더군요. 동기 부여를 위해서라도 꼭 신청하세요.

　이것 말고도 특정 지역에서 사용 가능한 충전식 지역 화폐 제도가 있습니다. 대형 마트나 백화점에서는 사용할 수 없지만 그 지역의 음식점, 슈퍼, 편의점, 병원, 학원, 주유소 등에서 사용 가능합니다. 핸드폰으로 앱을 다운로드하여 카드를 신청하면 우편으로 보내줍니다. 이 카드에 원하는 금액을 수시로 충전하여 사용할 수 있습니다. 한 달 충전 가능 액수가 지자체마다 조금씩 다르지만 보통 충전할 때 5%~10% 할인이 됩니다. 저는 의왕시와 안양시의 경계선에 살고 있는데 카드 할인율이 워낙 높기 때문에 두 카드를 모두 신청하였고 동네에서는 주로 이 카드를 사용합니다. 수원에 계신 부모님께도 신청해 드렸는데 잘 사용하고 계십니다. 일반 상점에서 포인트 적립을 하게 되면 0.1%에서 1% 적립이 대부분입니다. 지역 화폐를 사용하면 최소 5%를 적립 받는 셈이니 상대적으로 꽤 큰 금액이지요.

05

음료
물을 돈 주고 사 먹어야 한다고?

우리 신체의 70%는 물로 채워져 있습니다. 몸 안에 물이 있기에 우리는 한여름에도 체온을 유지할 수 있고 추운 겨울에도 버텨 낼 수 있습니다. 목숨을 유지하는 데 꼭 필요한 산소와 물을 이토록 쉽게 얻을 수 있다는 사실에 감사해야 합니다.

10년 전 런던에 있는 한 작은 레스토랑에 점심을 먹으러 들어갔는데 아무리 기다려도 물을 주지 않았습니다. 메뉴판을 보니 물 한 병 가격이 얼마라고 적혀 있더군요. 정말 목이 말랐지만 도저히 돈이 아까워 물을 구입할 수 없었습니다. 사실 전 그냥 사 먹으려 했는데 남편이 이건 아니라며 말렸답니다. 퍽퍽한 빵과 파스타를 먹는데 얼마나 목이 막히던지요.

종업원들도 힐끔힐끔 저희를 쳐다보는 것 같았지만 결국 꿋꿋하게 음식만 먹고 나온 적이 있습니다. 식당에서 돈을 주고 물을 사 먹어야 한다니! 그런 세상이 이렇게 빨리 올 거라고 생각하지 못했습니다.

집에 정수기 있으신가요? 생수를 주문해 드시나요? 저는 냄비에 물을 끓여 먹습니다. 매달 렌털비용을 내며 정수기를 사용하는 것도 아깝고 플라스틱 생수통에 든 물을 사 먹는 것도 내키지 않아서입니다. 대부분의 병입 생수에서 미세 플라스틱 입자가 검출되고 물을 마실 때마다 플라스틱 쓰레기가 계속 생기니까요. 어떤 물을 먹는 것이 인간에게 가장 좋은지 여러 책을 찾아봤는데요. 이 물이 좋다 저 물이 좋다 다양한 의견이 있었습니다. 광물 성분이 포함된 약수는 몸이 약한 사람이 마시면 효과를 볼 수 있다는 말도 있지만, 저는 물을 끓여 먹는 것을 선택했습니다.

우리나라 상수도는 정화 시스템이 잘 구축되어 있어서 수돗물을 그냥 먹어도 괜찮습니다. 다만 세균 번식이나 부패 방지를 위해 염소를 넣기 때문에 물에 소량의 염소가 남아 있을 수 있습니다. 이때 물을 끓이면 휘발성인 염소는 날아갑니다. 염소를 증발시켜야 하니 물을 끓일 때 뚜껑을 열어 주면 좋겠지요. 물을 끓이면 미네랄이 파괴된다는 이야기가 있습니다만, 미네랄 함량은 끓이기 전이나 끓인 후에 차이가 없다는 연구 결과도 있습니다. 그리고 미네랄은 굳이 물을 통해서만 섭취할 필요가 없습니다. 음식으로 섭취하는 것만으로도 충분하거든요.

수돗물은 죽은 물이라고 말하기도 하는데요. 산소량은 물의 종류가 아니라 물의 온도에 따라 달라집니다. 찬물이 끓인 물보다는 산소가 많지만 물이 식을 때 산소가 일부 흡수되기 때문에 물을 식히면 아무 문제가 없습니다. 살고 있는 집이 오래되었다면 수도관이 낡아 오염물질이 묻어 나올 수는 있습니다. 그럴 때는 수도꼭지에 필터만 하나 달아 주시면 됩니다.

저는 아침에 일어나면 물을 끓인 후 살짝 식혀 한 잔 마십니다. 따뜻한 물은 체내 흡수율을 높여 주거든요. 눈을 뜨자마자 따뜻한 물을 마시면 몸에 쌓인 노폐물이 배설되고 혈액이 순환되며 장 청소가 이루어지기에 아주 좋습니다. 《동의보감》에도 생숙탕(음양탕)이라 하여 뜨거운 물과 찬물을 섞은 후 공복에 마시는 것이 좋다고 나와 있습니다.

물을 끓일 때는 무얼 넣으면 좋을까요? 결명자나 둥굴레를 넣기도 할 텐데요. 이런 건 하루에 한두 잔 차로 마실 때는 좋지만 수시로 먹는 물 대용으로는 적합하지 않습니다. 차는 차로 마시고 물은 물로 마셔야 하거든요. 우리가 마시는 커피에 카페인이 들어 있듯 옥수수염차, 녹차, 보이차,

헛개나무차 등의 차에도 소량의 카페인이 들어 있습니다. 따라서 차가 몸속에 들어가면 카페인을 배출하기 위해 이뇨작용을 일으키게 됩니다. 차를 마시면 마실수록 몸속의 수분을 뺏기는 현상이 일어나는 겁니다. 탄산음료나 가당 음료도 마찬가지입니다. 이런 음료는 심지어 당분까지 포함되어 있기에 체내에서 분해될 때 더 많은 에너지와 수분을 소모합니다.

맹물이 가장 좋지만 맹물을 마시기 힘들다면 곡물을 선택하면 됩니다. 물 대용으로 마시기에는 보리, 현미, 옥수수 같은 곡물차가 좋습니다. 곡물차는 집에서 먹는 주식과 비슷하여 우리 몸에 부작용이 없고 곡류가 끓으면서 미네랄이 물로 이동하기에 건강에 좋다고 합니다. 그러므로 녹차, 헛개나무차, 도라지차, 우엉차, 결명자차, 둥굴레차는 가끔 마셔 보세요.

저는 주로 현미차를 끓여 마십니다. 현미의 쌀눈에는 비타민, 단백질, 지방, 칼슘, 칼륨, 마그네슘, 아연 등 각종 영양소가 들어 있어 면역력 향상에 좋다고 합니다. 볶은 현미 살 필요 있나요? 직접 현미를 볶아 만들어 보세요. 간단합니다. 우선 현미를 잘 씻어 채반에 받쳐 물기를 빼 주세요. 마른 팬에 현미를 넣고 센 불로 맞춘 후 물기가 날아가도록 볶습니다. 구수한 현미 향이 올라오면 약불로 낮춰 노란빛이 돌 때까지 달달 볶아 주면 됩니다. 잘 볶은 현미는 완전히 식혀 병에 담아 두고 조금씩 꺼내 씁니다. 보리도 똑같은 방식으로 볶으면 됩니다. 보리는 중금속을 끌어모으는 효과가 있어 물이 끓을 때 보리에 중금속이 달라붙는다고 합니다. 그러니 한 번 끓인 보리는 건져서 버려야 합니다.

여성용품
면 생리대는 마법일지도

조선 시대 여성들은 광목천을 끊어 생리대를 만들었습니다. 일회용 생리대는 여성의 편의를 위해 개발되었고 매번 천을 세탁해야 하는 수고를 덜어 주었습니다. 하지만 건강과 환경을 생각하면 편리보다는 불편을 감수하는 것이 더 나은 선택이 될 수도 있습니다.

"나 마법 걸렸어." 여성이라면 단번에 무슨 뜻인지 알 수 있을 텐데요. 월경이 시작됐다는 걸 비유적으로 표현한 말입니다. 그런데 어쩌다 월경이 마법이 되었을까요? 1990년대 중반 한 생리대 제조업체에서 광고 카피를 만들었습니다. "한 달에 한 번 여자는 마술에 걸린다." 그 업체가 판매하던 생리대 이름에 '매직(magic)'이 들어가 이런 문구를 붙인 것인데요. 광고가 인기를 끌면서 그때부터 생리를 매직 혹은 마법이라 부르기 시작했다고 하네요.

월경은 한 달에 한 번 두꺼워졌던 자궁 속막이 떨어져 나갈 때 출혈이 있는데 이 피가 질을 통해 배출되는 생리적 현상입니다. 가임기 여성이라면 몇십 년 동안 겪어야 하는 자연스러운 일인데 월경 대신 '그날'이라는 표현을 자주 쓰게 됩니다. 월경은 부끄러운 단어가 아닌데도 과거에는 사회적 분위기가 그렇게 형성되어 있었습니다. 저도 월경을 시작하고부터 다양한 생리대를 접해 보았습니다. 20대에는 몸에 해롭지 않다는 비싼 생리대를 구입하여 사용하였는데 매달 들어가는 돈이 너무 아까운 거예요. 그러던 어느 날 우연히 천으로 만든 생리대를 발견했습니다.

지금은 천 생리대를 인터넷으로 쉽게 구할 수 있지만 10년 전만 해도 판매하는 상점이 드물었습니다. 천 생리대를 보고 처음 든 생각은 '우엑. 피 묻은 생리대를 내 손으로 직접 빨아야 한다고?'였습니다. 하지만 동시에 내 몸에서 나온 피인데 더러울 게 뭐가 있냐는 생각도 들더군요. 며칠을 고민한 뒤 천 생리대를 사용해 보기로 마음먹고 사이즈별로 구입하였습니다.

사용 전 비누로 깨끗하게 손빨래를 한 후 착용해 봤는데요. 매우 편안한 기분을 느꼈던 것 같습니다. 천이 피부에 닿는 거라 속옷을 입는 것처럼 익숙한 느낌이 들었습니다. 답답함도 훨씬 덜하고요. 일회용 패드가 유기농이다, 순면이다 광고를 해도 모든 재료가 다 유기농은 아닙니다. 기본적으로 패드는 그물망 + 부직포 + 흡습제 + 펄프솜 + 비닐로 구성되는데 유기농 생리대라고 하면 피부에 닿는 부위에만 순면이나 유기농 면을 사용하는 것이 일반적입니다. 따라서 일회용 패드가 아무리 좋다고 해도 순수한 천으로 만든 패드를 따라갈 수는 없겠지요.

알레르기 반응이 있거나 월경통이 심한 사람은 생리대를 천으로 바꾸고 나면 통증이 완화되기도 합니다. 여성의 생식기 부위는 점막으로 이루어져 있는데요. 피부 두께가 얇아 독소 흡수율도 그만큼 높습니다. 유해물질 함유 가능성이 높은 일회용 생리대를 쓰지 않으니 몸이 회복되는 것이지요. 천 생리대는 경제적으로도 도움이 됩니다. 한번 구입하면 2년정도는 사용할 수 있거든요. 용도나 생리 양에 따라 팬티라이너, 소형, 중형, 대형, 오버나이트 등 한 달 사용할 분량을 골고루 사면 4만 원 정도가 듭니다. 일회용 패드를 구입하면 매달 평균 5천 원이 소비되니 2년 동안 총 12만 원을 생리대 비용으로 쓰게 됩니다. 비용이 3분의 1로 낮아지지요. 생리대 쓰레기는 덩달아 줄어들고요.

누군가 따질 수 있습니다. 천 생리대를 빨면 물이 오염되니 일회용을 쓰는 것과 뭐가 다르냐고요. 어느 정도 일리는 있지만 물은 정화시켜 재사용할 수 있습니다. 하지만 일회용 패드는 한번 땅속에 묻으면 몇십 년간 썩지 않습니다. 매달 수십 개의 일회용 패드를 땅에 묻는 것보다는 손바닥만 한 천 생리대를 물에 빨아 쓰는 게 환경에 더 이롭지 않을까요?

천 생리대의 단점은 손빨래를 한 후 말려야 하는 번거로움입니다. 직장에 다닌다면 퇴근할 때까지 천 생리대를 빨지 못하니 꺼림칙하기도 하고요. 그럴 땐 오전에는 일회용 패드, 오후에는 천 생리대를 사용하면 어떨까요? 천 생리대를 나중에 세탁할 경우 대야에 산소계 표백제인 과탄산소다를 살짝 풀어 담가 놓은 후 빨래하면 한결 깨끗해집니다. 처음 시작은 힘들지만 천 생리대에 적응되면 일회용 패드를 쓰는 게 오히려 불편하고 답답한 느낌이 듭니다.

생리대를 매번 손빨래할 자신이 없다면 종 모양의 생리컵도 대안이 될 수 있습니다. 하지만 생리컵은 인체에 삽입해 사용해야 하니 반드시 인증받은 의료용 실리콘을 사용해야 합니다. 생리컵도 한번 사용하면 빠져나올 수 없을 정도로 간편하고 좋다고 합니다.

2장. 절약 공부

07

화장품
제품 개수보다는 피부 결을 신경 쓰세요

우리 피부는 개개인의 고유한 역사를 담고 있습니다. 눈 밑의 작은 흉터, 이마의 주름, 화상을 입은 팔꿈치, 옆구리의 수술 자국, 손등의 검버섯은 치열하게 삶과 겨루어 이겨 낸 아름다운 흔적들입니다.

한국의 성형 기술은 세계 최고라고 하지요. 쌍꺼풀 수술은 이제 성형이라 말하기 무색할 정도입니다. 저는 수술까지는 아니지만 시술은 두 번 받아 보았습니다. 한 번은 속눈썹을 연장하는 시술이었는데요. 속눈썹에 인조모를 하나하나 붙여 풍성한 눈썹을 표현하는 게 목적이었습니다. 평소 화장을 하지 않으니 눈썹이라도 길면 눈을 깜박깜박할 때마다 나름

인형처럼 보이지 않을까 하는 마음에서였지요.

하지만 인조모를 붙인 눈썹은 눈을 감았다 뜨는 순간마다 눈썹이 바로 눈앞에 있음을 인식할 만큼 불편했습니다. 또한 눈썹이 떨어지지 않도록 아침저녁마다 조심조심 세수하다 보니 인조 속눈썹을 다 뜯어 버리고 싶더군요. 속눈썹을 연장할 때 사용하는 접착제에는 발암물질인 포름알데하이드와 톨루엔이 포함되어 있는 경우가 많다고 합니다. 이 물질이 직접 눈꺼풀에 닿으면 가려운 건 둘째 치고 결막염이나 각막염을 일으킬 수 있습니다.

몇 년이 지난 후 저는 속눈썹 시술을 받고 불편했던 기억을 까맣게 잊어버렸습니다. 그리고 2~3년이면 자연스럽게 지워진다는 반영구 아이라인 문신에 도전했는데요. 이 시술은 속눈썹 바로 아래 피부에 눈매를 따라 검은색 염료를 넣어 얇게 문신을 새기는 것입니다. 화장을 하지 않으니 진하게 아이라인을 그려 놓으면 눈매가 또렷이 표현되어 인형처럼 보이지 않을까 하는 속셈이었지요.

시술이 끝난 후 며칠간은 퉁퉁 부은 눈으로 생활해야 했고 한 달간은 세수할 때 염료가 빠지지 않게 조심해야 했습니다. 시술이 끝나도 제 눈은 인형처럼 보이지 않았습니다. 남편은 제 얼굴에서 어떤 부분이 달라졌는지 발견하지 못했습니다. 아이라인 문신은 얇은 바늘이 눈 위 점막을 빠르게 찍으며 염료를 넣는 방식이라 위험하기도 합니다. 이 과정에서 점막이 손상되어 안구 건조증이 생길 수 있고 결막염이나 각막염을 일으킬 수도 있습니다. 두 번의 고된 시술을 한 후 제가 깨닫게 된 진실은 이것입니다. '원판은 변하지 않는다.'

몇 개의 화장품을 갖고 계신가요? 아침저녁마다 바르는 화장 순서는 몇 단계로 나눌 수 있나요? 저는 스킨, 로션, 선크림, 비비크림, 립스틱이 있고 평일에는 스킨과 로션만 바릅니다. 외출할 때에는 립스틱만 살짝 바르면 되고요. 저는 화장품을 사치품으로 분류하여 되도록 구입하지 않으려 노력합니다.

매달 지출하는 화장품 비용은 얼마인가요? 생활비에서 화장품이 차지하는 비율이 높은 편이라면 줄일 수 있는 방법을 고민해 보세요. 저는 화장품 비용으로 일 년에 10만 원(남편 포함) 정도를 씁니다. 매달 만 원이 되지 않는 비용이지만 이를 반으로 줄이는 게 목표입니다.

우리가 바르는 수많은 화장품의 성분은 다 고만고만합니다. 앰플, 에센스, 세럼, 오일, 로션, 크림 등은 제형이 얼마나 묽고 쫀쫀하냐의 차이뿐 역할은 비슷합니다. 다만 화장품을 구매할 때 주의하실 점이 있습니다. 사람의 피부 표면은 천연 피지막으로 덮여 있는데 피부의 pH는 성별, 나이, 계절 등에 따라 조금씩 다르긴 하지만 건강한 피부는 pH 5.5 정도의 약산성을 띕니다. 우리가 무심결에 사용하는 클렌징 제품이나 화장품 대부분은 알칼리성을 띠고 있어 피부 보호막을 깨뜨립니다. 보호막이 깨지면 세균이 증가할 가능성이 많고 수분을 잃게 되어 피부 당김도 심해집니다. 우리 피부가 약산성이기에 머리카락부터 발끝까지 씻고 바르는 제품은 약산성인지 확인한 후 사용하는 것이 좋습니다. 또한 과도한 스킨케어는 오히려 피부 균형을 무너뜨릴 수 있고 영양이 과잉 공급 될 수 있습니다. 아무리 좋은 성분이라도 피부가 흡수하는 데는 한계가 있습니다. 피부에도 미니멀리즘이 필요합니다. 로션이나 선크림도 콩알만 한 분량 정도면 충분히 얼굴 전체에 바를 수 있습니다. 우리 피부는 스스로 유분을 조절하고 수분을 유지하는 자생력이 있으니 피부에게 기회를 줘 보세요.

아이크림을 열심히 바른다고 주름이 안 생길까요? (남편은 덜 생길 거라고 자꾸 우기긴 합니다만.) 지구 중력이 끊임없이 피부를 아래로 끌어당기기 때문에 아무리 리프팅을 하고 보톡스를 맞아도 중력을 이기긴 힘들걸요. 노화를 이기는 가장 좋은 방법은 활짝 웃는 것입니다. 미소는 중력으로 처진 입술과 얼굴을 한껏 끌어올리는 최고의 운동인 동시에 상대방의 기분도 좋게 하는 묘약입니다. 하지만 매번 미소짓는 게 성향에 맞지 않으시다면 피부 결을 고르게 하는 데 신경 써 보세요. 어린아이의 피부는 복숭아처럼 발그스레하면서도 보송보송합니다. 우리도 한때는 그렇게 깨끗한 피부를 갖고 있었는데 어쩌다 이 모양이 되어 버린 것일까요?

자외선과 유해물질에 노출되는 부분은 우리가 통제하기 쉽지 않습니다. 햇빛을 평생 피하고 집에서만 살 수는 없으니까요. 하지만 좋은 음식을 섭취함으로써 몸에서 독소를 배출시키고 활성 산소의 증가를 막아 세포의 산화를 늦출 수는 있습니다. 사람은 앙 하고 호흡을 터트리며 태어나고 마지막 숨을 들이마시며 삶을 마감합니다. 산소 없이는 살 수 없지요. 우리가 산소를 마실 때 몸에 해로운 활성 산소가 일부 생성되는데요. 이 산소는 몸 안의 정상 세포를 공격하여 노화를 일으킨다고 합니다. 지나치게 격렬한 운동이 좋지 않은 이유도 여기에 있답니다. 다행히 인체에는 활성 산소를 해가 없는 물질로 바꿔 주는 항산화 효소가 있어 활성 산소가 증가하는 것을 막아 주는데요. 나이가 들수록 활성 산소 제거 능력이 급격히 떨어진다고 합니다. 따라서 항산화 효소가 함유된 음식을 많이 섭취하면 노화 방지는 물론 피부에도 도움이 됩니다.

채소와 과일에는 천연 항산화제가 듬뿍 들어 있습니다. 식이섬유는 활성 산소를 제거하는 데 탁월한데 채소와 과일은 그 자체가 식이섬유입니다. 아무리 좋은 화장품을 발라도 직접 먹는 것보다 큰 효과를 볼 수 없습니다. 항산화제가 들어 있다는 정제 비타민이나 영양제를 챙겨 먹기보다 채소와 과일을 먹는 게 낫습니다. 땅에서 나온 자연 그대로를 몸에서 흡수하기에 효과가 훨씬 좋습니다. 게다가 채소와 과일은 비타민, 단백질, 필수 지방산, 무기질까지 들어 있어 피부를 밝게 해 줄 뿐만 아니라 수많은 질병도 예방하니 가장 좋은 화장품이라 할 수 있겠습니다.

08

미디어
광고의 유혹을 조심하세요

광고의 힘은 필요 없는 물건을 순식간에 꼭 필요한 것으로 만드는 데 있습니다. 소비자는 물건을 받은 후에야 이것을 어떻게 활용하면 좋을까 궁리하기 시작합니다.

저희 집엔 텔레비전이 없습니다. 텔레비전이 없으니 집에서는 광고를 접할 일이 상대적으로 적습니다. 하지만 문을 나서 엘리베이터를 타자마자 미디어 보드 광고가 눈에 들어옵니다. 거울이나 벽으로 시선을 돌리지만 가끔은 아무 생각 없이 화면을 쳐다보기도 합니다. 광고 아래 자막으로 흐르는 한 줄짜리 요약 뉴스까지 읽다 보면 엘리베이터는 금세 1층에 도착합니다. 가끔은 잠시 멈춰 나머지 뉴스를 보고 싶은 마음이 듭니다.

밖으로 나오면 이제 광고는 홍수처럼 쏟아집니다. 전봇대에 붙은 전단지와 각종 현수막 들, 버스 광고판이 무작위로 시야를 스쳐 사라집니다. 보지 않으려 애를 써도 순식간에 귀와 눈으로 들어오는 광고들이 많습니다. 하루에 우리가 접하는 간접광고가 수백 개라고 합니다. 핸드폰에 수시로 뜨는 광고까지 더하면 광고를 보지 않고 살아간다는 건 거의 불가능하겠지요. 요즘은 똑똑한 소비자들이 많아 광고를 보아도 자신은 속아 넘어가지 않을 거라 생각합니다. 하지만 광고를 만드는 기업도 그 사실을 알고 있습니다. 그들의 목표는 광고를 통해 자사의 브랜드가 자연스럽게 우리의 일상으로 스며들게 하는 것입니다. 지금 당장은 구매하지 않을지 몰라도 언젠가는 무의식중에 그 제품을 선택할 수 있도록 조금씩 바닥을 다져 놓는 것이지요. 경제 용어 중 '펭귄 효과'라는 말이 있습니다. 무리를 지어 생활하는 펭귄들은 먹이를 잡기 위해 바다에 뛰어들어야 합니다. 바닷속에는 범고래나 바다표범 같은 천적이 득실거립니다. 모두 우물쭈물하고 있을 때 펭귄 한 마리가 뛰어들면 나머지도 우르르 뛰어드는 습성을 일컫는 데서 유래되었습니다.

새로운 상품이 출시되면 소비자는 선뜻 구매하지 못하고 망설입니다. 신제품이 얼마나 괜찮은지 알지 못하기 때문입니다. 상품의 가격이 비싸다면 더욱 주저하겠지요. 이때 기업은 드라마 속 PPL(간접광고)이나 SNS(온라인 관계망)를 통해 유명 연예인이 신제품을 사용하는 모습을 보여 줍니다. 망설이던 소비자는 그 모습을 보며 제품을 구입하기 시작합니다. 광고가 사람들의 소비 심리를 자극하는 중요한 역할을 하게 되는 것입니다.

광고 회사의 목표는 소비자 마음을 움직여 물건을 사게 하는 것입니다. 소비자에게 이 상품은 당신을 행복하게 만들고 고통을 덜어 줄 것이라고 속삭입니다. 지금은 삶이 불편하지만 이것만 있으면 더 나아질 것이라고 유혹합니다. 이 영양제를 먹으면 다시 건강을 회복할 수 있다고 말합니다. 이 다이어트 식품은 확실하게 체중을 감량해 줄 것이라고 선언합니다. 이 핸드백을 들면 당신도 누구에게나 존중받는 아름다운 여성으로 거듭날 것이라고 광고는 설득합니다. 이 자동차를 몰면 모두가 당신을 우러러볼 것이라고 이야기하지요. 광고 속 이미지를 소비자에게 투영하는 것입니다.

철학자 자크 라캉의 말처럼 우리는 타인의 욕망을 욕망하는 존재일지도 모릅니다. 우리가 명품이라 불리는 상품을 가지고 싶은 건 그 상품을 지니고 있으면 다른 이들의 부러운 시선을 받을 수 있기 때문입니다. 만약 그 상품이 누구든 쉽게 살 수 있는 재화라면 욕망의 가치는 줄어듭니다. 타인의 질투 이런 시선을 잊지 못하기 때문입니다. 소비 사회에서 사물은 끊임없이 우리(주체)의 욕망을 불러일으키며 그것의 희소가치가 높을수록 욕망은 커져만 갑니다.

물론 어떤 제품은 누군가에게 꼭 필요할 수도 있습니다. 그 상품을 구입함으로써 내 삶이 전보다 좀 더 나아질 수도 있겠지요. 저에겐 미니 핸드백, 니트 손가방, 에코백, 캔버스 가방이 있습니다. 앞으로 수년간은 가방을 살 이유가 없지요. 하지만 광고의 목적은 제가 당장 필요하지 않고 앞으로도 필요 없을 물건을 필요하다고 주입시키는 데 있습니다. 넉넉한 크기의 핸드백이 하나 더 있다면 제 삶이 더욱 풍성해질 거라고 끊임없이 최면을 겁니다. 격식 있는 모임이나 행사에 메고 가면 딱 좋을 것이라고 제안도 해 줍니다.

견물생심입니다. 광고를 보면 그전까지는 한 번도 생각하지 않았는데 갑자기 그 물건이 필요할 것도 같다는 마음이 듭니다. 있어도 되고 없어도 되었던 제품이 어느새 꼭 사야만 하는 것으로 마음이 바뀝니다. 홈쇼핑 방송 화면에 전화 주문이 폭증하고 있고 곧 마감된다는 문구가 깜박거리면 심리가 불안해집니다.

저는 예전에 인터넷 쇼핑몰을 구경하다 충동적으로 화려한 팔찌를 구입한 적이 있는데요. 처음 팔찌를 착용한 날은 기분이 좋았습니다. 제 손목이 반짝반짝 돋보이는 느낌이랄까요. 상품을 구입하면 잠시 쾌감을 얻을 수는 있습니다. 하지만 그날 이후 팔찌를 다시 한 적은 없습니다. 막상 팔찌를 차려고 하면 옷도 그에 맞춰 입어야 할 것 같아 쉽게 손이 가지 않더라고요. 아무리 무이자 할부가 가능하다지만 신용카드를 긁으면서까지 우리에게 꼭 필요한 물건이 있을까요? 광고를 보고 물건을 구입하실 때마다 다음 질문을 꼭 해 보시기 바랍니다. "지금 구입하려는 물건이 내가 매일 노동하여 벌어들인 수입 중 일부를 지불할 정도로 가치 있는 것일까?" 이 질문을 선행한다면 쉽게 지갑이 열리지 않을 거라 생각합니다.

영화 〈베테랑〉에 보면 재벌과 싸우는 형사가 한마디를 내뱉습니다. "우리가 돈이 없지, 가오가 없냐?" '가오'는 일본말로 얼굴이라는 뜻으로 자존심이란 의미로 사용됩니다. 하지만 현실에서 돈 없는 사람이 가오를 부리면 망합니다. 돈 있는 사람이 가오를 부려도 곧 망합니다. 내세울 것이 아무것도 없는 사람이 자존심을 내세웁니다. 자존심은 자부심이 아닙니다. 가오를 부리는 사람은 검소한 삶을 선택하기 어렵습니다. 하지만 돈이 있든 없든 자존감이 있는 사람은 다른 사람의 시선을 신경 쓰지 않고 당당하게 살아갑니다. 싼 가방을 들거나 경차를 모는 걸 부끄럽게 생각하지 않습니다. 내가 사용하기에 편한지, 합리적인 지출 범위인지를 살핍니다.

간소한 삶은 소비의 미니멀리즘으로부터 시작이 됩니다. 소비의 미니멀, 물건의 미니멀, 생각의 미니멀, 관계의 미니멀은 눈에 보이지는 않지만 유기적으로 연관되어 있습니다. 소비가 줄어들면 물건의 개수가 줄어듭니다. 집 안의 물건이 줄어들어 내게 필요한 것만 남게 되면 번잡한 마음도 차분하게 가라앉습니다. 생각이 정리되면 내 주변의 관계를 돌아보는 시간을 갖게 되고 불필요한 관계는 끊을 수 있는 힘이 생깁니다.

09

살림
직접 요리하고 고쳐 쓰는 즐거움

가사 노동은 단순 반복의 연속입니다. 하지만 요리, 설거지, 청소 같은 단순한 일도 수없이 반복하다 보면 생활의 밀도가 높아집니다. 이처럼 밀도가 높아져 삶의 질서가 치밀해지면 나만의 우주를 만들 수 있습니다. 체계가 잡힌 공간이 완성되면 노동 속에서 만족을 느낄 수 있습니다.

저에겐 스무 살 이상 차이가 나는 귀한 친구가 있습니다. 대학원 수업을 함께 들으며 가까워지게 되었는데 같이 수업을 듣는 학우들이 선생님이라 부를 때 저는 언니라고 불렀습니다. 몇 년 후 알고 보니 그 언니는 청담동에 사는 부자 사모님이었습니다. 하지만 함께 어울리던 우리들은 졸업할 때

까시 선혀 눈지채지 못했는데요. 언니가 정말 검소하고 겸손했거든요. 대학원생 중에는 저처럼 뒤늦게 공부를 다시 시작한 언니들도 많았습니다. 다른 언니들이 예쁘게 차려 입고 비싼 가방을 들고 다닐 때 청담동 언니는 수수한 옷을 입고 천 가방을 가지고 다녔습니다. 언니들이 카페에서 디저트를 먹고 커피를 마실 때 청담동 언니는 집에서 간식과 따뜻한 차를 챙겨와 우리에게 나누어 주었습니다. 늘 언니가 만든 주먹밥을 얻어먹었던 기억이 납니다.

우리가 잘 의식하지 못하지만 카드 내역을 살펴보면 수입의 상당 부분이 식비로 나갑니다. 먹는 데 돈을 너무 쓰는 거죠. 특히 음료와 간식은 밖에 나가면 종종 사 먹게 됩니다. 비용이 얼마 안 드니까요. 오늘 몇천 원 쓴다고 해서 카드값이 얼마나 더 나오겠어요. 그런데 매일 몇천 원이 쌓여 한 달 후 몇십만 원이 됩니다. 카드 명세서를 보며, 쓴 것도 없는데 왜 이렇게 카드값이 많이 나왔는지 의아하다면 티끌이 모여 태산이 되었기 때문입니다. 지출의 많은 부분이 식비로 나가고 있다면 오히려 잘된 것일 수도 있습니다. 가장 쉽게 절약할 수 있는 항목이 식비니까요.

우리는 배고파서 먹을 때도 있지만 입이 심심해서 먹을 때가 더 많습니다. 배가 별로 고프지 않아도 간식을 먹고 음료를 마십니다. 그런데 믿기지 않지만 지금 이 순간도 세계 어

2장. 절약 공부

딘가에는 먹을 음식이 없어 굶어 죽는 사람이 있습니다. 우리는 꽉 찬 냉장고를 들여다보며 뭘 먹어야 할지 고민합니다. 냉장고 안에 있는 식품은 꼭 필요해서라기보다는 충동적으로 구입했을 가능성이 많습니다.

저는 커피와 홍차를 좋아합니다. 보이차와 청차도 즐겨 마십니다. 여행을 가거나 주말에 다른 동네로 산책을 나갈 땐 방문할 만한 카페를 미리 찾아봅니다. 카페에 앉아 차를 마시며 남편은 그림을 그리고 저는 책을 읽습니다. 그런데 카페에서 지출하는 돈을 따져 보면 꽤 많습니다. 친구를 만나거나 모임할 때도 카페에 종종 가거든요. 혼자서도 가끔 갑니다. 지금은 카페보다 집에서 차를 마시는 게 더 좋습니다.

집에서 커피를 즐겁게 마시려면 카페보다 맛있어야 합니다. 저는 품질 좋은 스페셜티 원두를 인터넷으로 주문하여 내려 마십니다. 단가를 따져 보니 한 잔에 500원이 나옵니다. 동일한 원두로 내린 커피를 카페서 마신다면 5,000원 이상을 줘야 합니다. 홍차, 청차, 보이차를 카페서 마신다면 보통 종류에 따라 10g에 5,000원~10,000원입니다. 집에서는 좋은 품질의 차를 10분의 1 가격에 마실 수 있습니다. 안방처럼 카페를 쉽게 드나들었는데 이젠 발걸음이 신중해집니다. 실내에 흐르는 음악이 좋고, 책이 많이 꽂혀 있고, 분위기가 조용하고, 차가 맛있고, 가격도 그리 비싸지 않은, 이 모든 걸 다

갖춘 카페가 아니라면 함부로 들어가지 않습니다.

평소 집에 있는 시간이 많기에 소비자이면서 동시에 생산자가 될 수 있는 방법을 열심히 찾아봅니다. 어떤 부분에서 생산자가 되어 보면 다음엔 어디로 범위를 넓힐 수 있을지 궁리하게 됩니다. 8년 정도 사용한 법랑 냄비와 밀크 팬이 있는데요. 나무로 된 냄비 뚜껑 손잡이가 오래되어 반으로 갈라져 버렸습니다. 밀크 팬 손잡이도 오래 쓰다 보니 헐거워져 나사 하나가 아예 쏙 떨어져 버립니다. 곰곰이 생각하다 냄비 뚜껑에 나사를 가로로 놓아 지지대를 만든 후 글루건으로 쪼개진 나무를 붙이니 사용이 가능해집니다. 손잡이 부분에는 좀 더 큰 나사를 넣어 드라이버로 조이니 말짱하고요. 예전 같았으면 '그래 이제 새로 살 때도 됐어' 하며 단숨에 주문했을 텐데 이제는 고쳐 쓰는 게 더 즐겁습니다.

시판 탄산음료나 과일음료는 사지 않습니다. 대신 레몬청과 생강청을 가끔 만들어 놓습니다. 겨울에는 따뜻한 생강차를 마시고 여름에는 탄산수에 레몬청을 넣어 마십니다. 빵집에서 빵을 사는 대신 통밀, 드라이 이스트, 소금, 물만으로 통밀빵을 만들어 먹습니다. 베란다에 심은 파를 잘라 먹기도 하고 화분에 심은 민트나 로즈마리잎을 뜯어 뜨거운 물에 우려 마시기도 합니다. 고구마, 감자, 견과를 항상 구비해 놓고 배가 출출할 때 오븐에 구워 먹습니다. 장시간 외출해야 할 땐 사과나 고구마를 챙겨 갑니다.

먹는 일에 정성을 다하기는 쉽지 않습니다. 직장에 다니면서 매번 요리까지 해야 한다면 에너지가 고갈됩니다. 저도 몇년 전 대학교에서 연구원으로 잠시 근무한 적이 있었는데요. 일도 적고 자유로운 분위기에 정시 퇴근도 가능해서 크게 피곤하지는 않았지만 그래도 퇴근해서 음식을 만들 힘이 남아 있지 않을 때가 많았습니다. 밖에서 사 먹거나 간식을 포장해 올 때가 많았는데 양념이 너무 자극적이라 몸이 나빠지는 기분이 들었습니다. 한 끼 사 먹는 음식에 너무 많은 비용과 시간을 지불할 필요는 없습니다. 게다가 가공 식품과 즉석 식품을 자주 먹는 것도 위험합니다. 이런 식품들에는 온갖 화학 첨가물이 들어 있고 장내 환경이 점점 악화될 뿐입니다. 몸이 피곤할 땐 집에 간단히 먹을 수 있는 과일이나 감자, 고구마 같은 먹거리만 구비해놓아도 한 끼를 해결할 수 있습니다. 밖에서 외식하는 경우가 많다면 집에서라도 자연에서 난 그대로의 음식을 섭취할 필요가 있습니다. 사과를 씻고 양배추를 썰고 옥수수를 찌고 고구마를 굽는 것만으로도 오염된 몸을 회복시키고 본래의 미각을 살리는 데 충분히 도움이 됩니다.

저는 미용실도 가지 않습니다. 머리는 남편이 직접 잘라 줍니다. 남자 머리는 대부분 짧기에 전문가의 기술이 필요하니

디. 특히 남편 머리는 솜씨 좋은 미용사가 자를 때와 그렇지 않은 미용사가 자를 때의 차이가 큽니다. 하지만 저는 긴 생머리라 끝부분을 다듬고 숱만 치면 되기에 미용실 비용이 아깝다는 생각을 종종 했습니다. 그러던 중 단짝 친구가 집에서 동영상을 보며 스스로 머리를 잘라 보았는데 생각보다 마음에 든다며 시도해 보라고 하더군요. 잘 다듬어진 친구 머리를 보니 도전해 봐야겠다는 생각이 들었습니다. 커팅 가위와 틴닝 가위(숱가위)가 한 세트인 미용 가위를 산 후 남편에게 부탁을 하였습니다. 남편은 '셀프로 긴 머리 자르기' 동영상 세 편을 보고는 바로 거실에 신문지를 깔고 머리숱을 친 후 다듬어 주었는데요. 겉으로 보기에는 미용실에서 자른 것처럼 근사합니다. 물론 미용사가 잘라 줄 때처럼 만족스러운 기분은 들지 않지만 그럭저럭 마음에 들기에 그 후로는 집에서 자르고 있습니다. 남편 솜씨도 점점 더 나아질 거라 기대하고 있습니다.

셀프 미용을 하니 가장 좋은 건 시간 절약입니다. 저는 동네에 있는 1인 미용실을 다녔는데 미리 전화로 예약을 하고 그 시간에 딱 맞춰 방문을 해야 했습니다. 미용실을 방문하여 머리를 자르고 집으로 돌아오면 1시간이 걸립니다. 집에서 자르게 된 뒤로는 아무 때나 자를 수 있고 10분이면 머리카락 청소까지 끝나 홀가분한 마음이 듭니다. 두 번째로 좋은 건

2장. 절약 공부

절약입니다. 커팅 가위와 틴닝 가위로 구성된 입문자용 미용 가위를 5만 원 주고 샀는데 집게핀과 클리퍼 빗(촘촘한 빗)도 함께 들어 있었습니다. 미용 커트 보는 부모님 집에 있던 걸 가져왔기에 미용도구를 사는 초기비용은 5만 원이 전부입니다. 가위는 혼자 쓰기에 10년은 너끈히 사용할 수 있을 것 같습니다. 미용실 커트 비용은 1만 7천 원인데 두 달에 한 번 미용실을 방문하니 일 년이면 10만2천 원이 듭니다. 커트 비용이 10년 동안 오르지 않는다고 가정해도 102만 원이 듭니다. 집에서 머리를 자르면 10년 동안 50시간과 97만 원을 절약할 수 있는 셈이니 덩실덩실 춤이라도 추고 싶습니다.

쇼핑
쇼핑몰에서 살아남기

쇼핑몰에서 우리는 아늑함을 느낍니다. 바닥은 깨끗하고 조명은 반짝이며 디스플레이는 완벽합니다. 즐겁게 상품을 구경하다가도 그것을 모두 가질 수 없다는 생각이 들면 갑자기 우울해집니다. 물건을 소유하고 싶은 욕망이 평온했던 마음을 나락으로 빠뜨리기도 합니다.

매년 11월 넷째 주 목요일은 미국의 추수감사절입니다. 그 다음 날인 금요일은 백화점이나 쇼핑몰 매장에서 엄청난 세일을 퍼붓는 블랙 프라이데이(Black Friday)로 불리는데요. 이때부터 크리스마스 쇼핑 시즌이 시작되어 많은 소비자가 상품을 구입합니다. 블랙(black)이라는 단어는 이날 상점들이

2장. 절약 공부

처음으로 흑자(black ink)를 기록하는 날이라는 뜻에서 유래했습니다.

누구는 직구(직접 구매)로 블루투스 스피커를 얼마에 샀다더라, 빔 프로젝터가 얼마라더라 하는 말을 듣다 보면 귀가 솔깃해집니다. 특히 남편 귀가 당나귀처럼 커져요. 있어도 그만 없어도 그만인 물건인데 워낙 할인 폭이 크니 마음이 흔들립니다. 한국에서도 이를 본떠 쇼핑몰과 온라인 장터에서 대대적인 할인 행사를 벌이니 아무것도 사지 않으면 큰 손해를 보는 것 같은 기분이 든다니까요.

쇼핑몰은 진화하고 있습니다. 쇼핑이 아니어도 누릴 수 있는 많은 것들이 있거든요. 코엑스몰, 아이파크몰, 센트럴시티, 명품 아웃렛, 스타필드 등의 대형 복합 쇼핑몰은 우리를 총체적으로 유혹합니다. 무료로 물건을 보관할 수 있는 로커 시설, 깨끗하고 넓은 화장실, 다양한 오락 시설, 푸드코트, 레스토랑, 극장, 찜질방, 카페, 서점, 작은 공연장이 소비자 앞에 펼쳐집니다. 쇼핑몰은 우리가 주체가 되어 여가를 즐길 수 있는 장소라고 말해 줍니다. 사람들은 이곳에서 공연을 보고 미팅을 하고 산책을 하고 식사를 하고 오락을 합니다. 직원들은 화사하고 조명은 산뜻합니다. 몰을 돌아다니는 사람들도 즐거워 보입니다.

쇼핑몰은 아늑하고 쾌적합니다. 특히 비가 오거나 추운 날에는 자유롭게 걸어 다닐 수 있는 쇼핑몰 산책이 제격이지요. 저와 남편은 쇼핑몰 안에 있는 대형 서점을 천천히 거닐며 책들을 살펴보는 걸 좋아합니다. 하지만 몰에 입장하는 순간 아무것도 구입하지 않고 나오기란 불가능합니다. 제가 방문하려는 서점은 항상 몰 중심에 있고 기업은 치밀하게 목표점까지 절대 곧바로 갈 수 없도록 완벽한 동선을 짜 놓았습니다(멋져요!). 몰을 걷는 동안 유리창에 걸려 있는 의류와 상품에 자연스레 눈길이 갑니다. 할인하지 않는 고가의 명품 매장도 있습니다. 하지만 다양한 브랜드가 오늘만 30% 할인을 하고, 팝업 스토어(임시 매장)에서는 오늘만 50% 할인 판매를 한다니 어쩌겠어요. 들어갈 수밖에요.

저는 남편에게 구경만 하겠다고 말합니다. 매장을 둘러보니 눈에 잘 띄는 곳에 얇은 카디건 한 벌이 걸려 있습니다. 가격을 보니 35만 원입니다. 잘못 들어왔구나 싶어 얼른 나가려다 치마 가격을 보니 4만 9천 원이네요. 치마는 싸네. 그럼 하나 살까 하는 마음이 듭니다. 이런 걸 경제 용어로 앵커링 효과(Anchoring effect)라 합니다. 우리말로 풀이하면 한 지점에 닻을 내린다는 의미입니다. 그 지점은 가격이고요. 매장에 들어가자마자 보이는 재킷 가격이 100만 원이라면 고객 마음에는 100만 원이 닻이 되어버립니다. '이 매장 옷은 진짜 비싸네' 생각하다 청바지 가격을 보니 6만 9천 원이라 적혀 있습

　　　　　　　　　　　　2장. 절약 공부

니다. '어라? 청바지는 100만 원짜리 재킷에 비해 싸네? 그럼 하나 살까?' 하는 마음이 들도록 일부러 비싼 가격을 책정한 옷들을 걸어 놓는 것입니다.

가까스로 인내심을 발동하여 치마를 구입하지 않고 무사히 서점에 도착할지도 모릅니다. 하지만 결코 방심해서는 안 됩니다. 집으로 되돌아갈 때 제 손에는 젤라토나 커피가 들려 있을 가능성이 99.9%이거든요. 수많은 쇼핑의 유혹을 물리쳤으니 이 정도의 보상은 필요하지 않을까 하는 심리가 발동해서입니다. 쇼핑몰에 가신다면 '아무것도 사지 않고 구경만 하기' 미션에 도전해 보세요. 고백하자면 지금까지 전 딱 한 번 성공했습니다.

11

미니멀리즘
화분 10개를 시집보내던 날

내가 가진 소유물 중 딱 하나밖에 없는 물건을 찾아보세요. 발견했다면 이제 그 물건을 대체할 수 있는 게 있을지 찾아보세요. 우리는 이미 많은 걸 가졌습니다. 그 사실을 자주 잊는다는 게 문제입니다.

호더(hoarder)라는 말 들어 보셨나요? 물건 버리는 걸 어려워하여 계속 쌓아 두는 사람을 일컫는 단어입니다. 그 대상이 고양이나 강아지 같은 동물이 될 수도 있습니다. 처음에는 좋은 의도로 시작했지만 동물 개체수가 관리할 수 있는 범위를 넘어 손을 놓을 때 동물 호더가 되는 것이지요. 가끔 텔레비전에 등장하는 사람들은 정도가 심하긴 합니다. 하지만 우리도 소유물에 애착을 가지고 있고, 때로는 남들이 하찮게 여기는 걸 소중히 모으기도 합니다. 절대 버릴 수 없거나 줄일 수 없는 어려운 물건 하나쯤은 있지 않으신가요?

저는 화분입니다. 거실 한 쪽과 베란다에는 31개의 크고 작은 화분과 세 개의 텃밭 상자가 있습니다. 매주 토요일 아침마다 남편은 시간을 들여 모든 화분에 물을 줘야 합니다. 여름에는 주중에 한 번 더 줘야 합니다. 아침저녁으로 벌레가 생겼는지 확인도 해야 하고 가끔 약도 뿌려 줘야 합니다. 남편은 저와 길을 걷다 저 멀리 꽃집이 보이면 다른 길로 가자고 합니다. 제가 화분 하나를 더 구입할지도 모르니까요.

남편은 회사에서 플라스틱 테이크아웃 컵이 생길 때마다 차곡차곡 모아둡니다(설마 테이크아웃 컵 호더?). 봄이 되면 흙을 사와 텃밭에 심어 놓은 애플민트, 로즈마리 등 허브 식물을 꺾꽂이하여 컵에 심습니다. 물 빠짐을 위해 플라스틱 컵 바닥에 압정으로 8군데 구멍을 뚫고 흙을 넣으면 됩니다. 몇 달 후 식물이 뿌리를 내려 새 잎이 나면 주변 사람에게 선물합니다. 식물이 지닌 에너지를 함께 느끼고 싶은 마음이 들어서요. 새로 이사한 집에서 세 번의 봄을 보냈는데 플라스틱 컵으로 80여 개의 화분을 만들어 이웃과 나누었습니다.

초록색 잎사귀를 바라보면 기분이 좋아집니다. 새잎이 쑤욱 나와 조금씩 커지는 것도 신기하고요. 식물은 자연과의 접촉을 쉽게 할 수 있는 방법이기도 합니다. 그런데 그거 아세요? 저장 강박 증상을 보이는 사람들이 자신의 행동을 합리화하기 위해 사용하는 말도 이와 비슷하다는 걸요. '이 물건은 제게 위로가 돼요. 아직 사용할 수 있는데 왜 버려야 하죠? 이건 제 일부와도 같아요.' 저도 더는 화분을 늘리지 않으려 노력하지만 물욕이 쉽게 사라지지는 않습니다.

산업 혁명 이전에는 물건을 구하기가 쉽지 않았습니다. 가격이 비싼 건 말할 것도 없었고요. 셔츠, 구두, 안경, 책 같은 상품 하나를 만들려면 장인의 고된 노동이 필요했습니다. 하지만 산업 혁명 이후 공장이 들어서자 환경은 급격히 변하였습니다. 상품을 저렴한 가격에 대량으로 생산할 수 있는 토대가 만들어졌거든요.

사람들은 예전보다 쉽게 물건을 살 수 있게 되었습니다. 상품의 용도는 점점 세분화되었고 사람들이 필요로 하는 품목도 점점 늘어나게 되었습니다. 이미 가진 것이 넉넉한데도 무심코 구입하는 물건이 많아집니다. 소유하는 물건의 양이 늘어나면서 어느 순간 얼마만큼 가지는 것이 적당한지 생각하지 않게 됩니다. 예전에 어르신들은 물건이 고장 나면 수리를 하여 고치고, 고칠 수 없는 경우에만 버리고 새로 구입하였습니다. 요즘에는 유행이 지났거나 무언가 만족스럽지 않은 부분이 있다면 쉽게 다시 구입하는 것 같습니다. 이미 충분히 많은데 더 가지고 싶은 마음에 사기도 합니다. 게다가 여기저기서 무료로 주는 사은품은 또 얼마나 많은지요. 유용하게 사용할 수 있는 사은품은 거의 없지만 자신의 것이 되는 순간 아깝다는 생각이 들기 때문에 처분하기도 쉽지 않습니다. 그 물건을 소유했다는 이유만으로 그것에 더 많은 가치를 부여하기 때문입니다.

왜 티셔츠는 세탁기에 몇 번만 돌리면 흐물흐물해지는 걸까요? 왜 스마트폰은 점점 더 느려지는 걸까요? 다른 물건들도 마찬가지만 특히 전자제품의 교체 주기는 갈수록 짧아지는 것 같습니다. 소비자가 꼭 필요한 상품만 구입하고 수리하여 쓰려고 한다면 기업에서도 내구성 강한 제품을 생산하지 않을까요?

우리는 물질이 풍족한 시대에 살고 있습니다. 잡화점에 가면 과자 한 봉지 값으로 살 수 있는 상품이 정말 다양합니다. 하지만 대부분의 사람들은 이미 삶에 필요한 물건을 가지고 있습니다. 코트가 총 몇 벌인지, 신발은 몇 켤레인지, 텀블러는 몇 개 가지고 있는지 알고 계신가요? 가진 모든 소유물을 세어 보면 생각보다 많아 깜짝 놀랄지도 모릅니다. 지금 가지고 있는 짐의 반을 줄여도 사는 데 아무 불편이 없을 거라 자신 있게 말할 수 있습니다. 저도 양심에 가책을 느껴 몇 달 후 화분 10개를 주변에 나누었습니다. 이젠 21개밖에 없어요.

3장

마음
공부

01

시간의
속도 늦추기

시간에 쫓겨 살다 보면 내가 왜 사는지도, 무엇을 위해 사는지도 모른 채 뛰어갈 위험이 있습니다. 때때로 멈춰 서서 바른 길로 가고 있는지 방향을 확인하고 숨을 고르며 체력을 보충하는 시간이 필요합니다.

미하엘 엔데의 소설 《모모》의 주인공은 커다랗고 예쁜 눈을 가진 소녀 모모입니다. 마을 사람들은 고민이 생길 때 모모에게 찾아갑니다. 어린 소녀 모모는 상대방의 말을 조용히 경청하는 능력이 있습니다. 모두가 느릿느릿 평화롭게 살아가던 마을에 중절모를 쓰고 회색 양복을 입은 남자가 등장합니다. 회색 신사의 목표는 하나입니다. 사람들에게서 몇 시간, 몇 분, 몇 초를 조금씩 빼내는 것입니다. 회색 신사는 노래하는 시간, 부모를 방문할 시간, 명상할 시간을 아껴야 성공할 수 있다고 사람들을 설득합니다.

그렇게 아낀 시간으로 우리는 행복한 삶을 살 수 있을까요? 시간에 쫓겨 사느라 느리게 가야 볼 수 있는 풍경을 놓쳐 버린 건 아닐까요? 고속열차와 비행기는 우리가 목적지까지 이동하는 데 걸리는 시간을 경이로울 정도로 단축해 주었습니다. 당일치기로 서울—부산 여행이 가능하고 1박 2일로 홍콩 쇼핑이 가능합니다. 점점 한 장소에 오래 머무르는 것이 시간 낭비라는 생각이 듭니다. 한 장소에 머무르는 시간이 줄어들수록 돈은 더 쓰게 마련입니다. 이동 비용, 장소 비용, 쇼핑 비용이 발생하게 되니까요.

저는 평소에는 빠르게 일 처리를 하는 편이지만 여행할 때만큼은 느긋해집니다. 남편과 휴가 계획을 세울 때는 여러 도시를 방문하는 대신 한 도시에 오래 있는 걸 선택합니다. 한 도시에 일주일을 머무르며 동네 구석구석을 살펴보는 여행이 저에겐 잘 맞습니다(남편 의견은 물어보지 않았습니다만). 단골 밥집과 산책로가 생길 무렵이면 여행은 끝이 납니다.

우리는 시간이 많이 걸리는 일일수록 기피하는 경향이 있습니다. 시간이 아깝다는 생각이 들기 때문이지요. 하지만 '시간'은 무엇일까요? 하루를 나누는 시간에 대한 개념이 생긴 건 중세 후빈기였습니다. 그전까지는 시간을 해시계, 불시계, 모래시계 같은 자연 변화로 구분하였습니다. 엄격히 정해진 시간에 따라 기도해야만 했던 수도사들이 최초로 기계식 시계를 조립하였는데요. 수도사들은 시간 낭비를 신에 대한 모욕으로 여겼고 정해진 기도 시간을 알리기 위해 교회 종탑의 종을 울렸다고 합니다.

번아웃 증후군(burnout syndrome)은 신체적, 정신적으로 탈진한 상태를 뜻하는 용어입니다. 육아와 업무를 동시에 해내야 하는 직장인이나 막중한 책임을 맡은 지도자는 잠시 숨돌릴 시간조차 없이 바쁜 하루를 보냅니다. 일감은 끊임없이 쏟아지고 임무는 기한 내에 처리해야 하니 수면시간을 줄이면서까지 달릴 수밖에 없습니다. 경제협력개발기구(OECD)에 따르면 한국인의 평균 수면시간은 6시간 48분입니다. OECD 평균인 8시간 22분보다 1시간 이상 부족하여 최하위를 기록했다고 합니다.

베르나르 베르베르는 《잠》이라는 소설에서 잠의 소중함을 이렇게 표현하였습니다. "잠의 세계는 우리가 탐험해야 할 신대륙이에요. 캐내서 쓸 수 있는 소중한 보물이 가득 들어 있는 평행 세계죠." 잠이 부족하면 집중력이 떨어지고 몸의 면역력이 약해집니다. 수면이 부족할수록 스트레스 호르몬인 코르티솔 수치가 높아져 결과적으로 일을 하는 데도 악영향을 끼치게 됩니다. 주어진 하루를 성실히 살아야 하지만 내 몸과 정신을 극한까지 몰아붙이는 건 위험합니다. 오래 버틸 수가 없거든요. 휴식을 취하며 나아가는 것이 내가 맡은 일을 지속적으로 더 잘할 수 있는 방법입니다.

눈앞에 닥친 일만 해결하며 살다 보면 무언가 중요한 가치들을 놓치기도 합니다. 저는 하루에 8시간을 잡니다. 크리스마스나 기념일 같은 특별한 날에도 잠잘 시간이 되면 잠을 자러 갑니다. 잠을 충분히 자면 몸과 정신이 맑아져 마음이 여유로워집니다. 남편에게 생글생글 웃어 줄 수 있고, 난처한 일이 생겨도 침착하게 해결할 수 있습니다.

평소 쉴 시간조차 없이 바쁘게 산다면 중요하지 않은 일은 과감히 줄이는 과정이 필요합니다. 약속을 줄여 보세요. 텔레비전이나 스마트폰에 많은 시간을 뺏기고 있다면 뇌를 조금 쉬게 해 주어야 합니다. 휴일에는 최대한 느린 속도로 시간을 보내는 것이 좋습니다. 아무것도 하지 않고 가만히 있는 시간도 필요합니다. 우리에게는 공상할 시간, 침묵할 시간, 사색할 시간이 필요합니다.

02

일상의
반짝이는 순간들

먹구름이 가득하네요. 비가 오려나 봐요. 노을이 집니다. 벌써 저녁이라니요. 목련잎이 벌어졌어요. 봄이 왔나 봐요. 단풍 끝이 빨개집니다. 어느새 가을이군요. 날씨와 계절이 변하는 순간만이라도 잠시 풍경에 머물러 주세요. 하루의 몇 분만이라도 순간을 낚아채 보세요.

저와 남편은 아침을 준비할 때 라디오를 켜고 클래식 방송을 듣습니다. 음악을 들으며 채소를 손으로 뜯고 과일을 자릅니다. 선곡된 모든 곡이 참 좋습니다. 엘가의 작품 〈위풍당당 행진곡〉 1번만 제외하고요. 이 곡은 엘가가 관현악을 위해 만든 행진곡집으로 1번에서 6번까지 있습니다. 라디오에

162   3장. 마음 공부

서는 거의 1번만 틀어 줍니다. **빰빰 밤 바바바밤 빰빰 밤 바바바밤** 도입부의 선율이 귀에 들리지 않나요? 저희도 처음 이 곡을 들을 땐 신이 났습니다. 박진감 넘치고 당당한 리듬이 흥을 돋웁니다. '희망과 영광의 나라'로 알려진 부분의 멜로디를 들을 땐 가슴이 벅차오르기도 합니다. 음악이 나오면 남편은 커피를 마시다 벌떡 일어나 음악에 발맞춰 거실을 왔다 갔다 하며 전진하는 병사를 흉내 내기도 합니다.

하지만 라디오에서 월요일 아침, 개학 시즌, 졸업 시즌, 계절이 바뀔 때, 시청자의 사연 등등의 이유로 이 행진곡을 틀기 시작합니다. 한 번 듣고, 두 번 듣고, 열 번 듣고, 백 번쯤 들으면 마음이 달라집니다. 또 저 음악이네. 누가 신청한 거야? 오늘 어디서 수료식하나? 둘이 구시렁거리며 식사를 합니다. 트럼펫과 트롬본이 팡파르를 울리건 말건 신경도 쓰지 않고 샐러드를 먹습니다. 〈위풍당당 행진곡〉을 너무 자주 들으니 익숙해진 겁니다. 일상이 되어버린 것이지요. 일상이 되는 순간 음악은 생명을 잃고 흘러가는 시간과 함께 사라집니다.

아침에 눈을 뜨면 우리에겐 깨끗한 도화지 같은 하루가 놓입니다. 밥을 먹고 양치를 하고 학교나 회사에 가고 아이를 돌보다 보면 밤이 됩니다. 오늘 하루를 한 줄로 요약할 수 있을 만큼 평범한 일상입니다. 기억할 만한 특별한 일도 없습니다. 내일도 오늘과 비슷한 하루가 펼쳐질 거라는 예상을 하며 잠자리에 듭니다. 매일 똑같은 날이 반복되니 일상은 점점 의미를 잃어갑니다. 오늘 대충 살아도 내일이 있으니 괜찮다는 생각을 합니다.

저는 어느 주일 예배당에 들어서자마자 예배가 끝날 때까지 눈물을 참느라 힘들었던 적이 있습니다. 신종 코로나바이러스 때문에 온라인으로 예배를 드리다 다시 교회에서 예배를 드릴 수 있게 된 날입니다. 마스크를 쓰지 않고 함께 찬양을 하고 설교를 들었던 일상이 얼마나 기적 같은 시간이었는지 전염병을 겪으며 알게 되었습니다. 이웃과 교제를 나누고 교회 아이들을 꼭 안아주던 그때가 얼마나 소중한 시간이었는지 사회적 거리를 두고 나서야 알게 되었습니다.

일상은 우리가 살뜰히 챙기지 않으면 덧없이 사라집니다. 일상은 찰나의 순간에 머물러 보려 노력해야 얻을 수 있습니다. '머무르다'라는 말을 생각해 봅니다. 요가 동작을 할 때 시선이 코끝에 머물러야 할 순간이 있습니다. 호흡을 정리하고 순간에 집중하는 몇 초의 머무름 동안 온몸이 코끝에 집중됩니다. 순간을 잡아 마음을 머무르게 하지 않으면 사라져 버리는 것이 일상입니다. 하루를 살며 순간을 음미하는 게 쉽지는 않습니다. 그렇기에 순간에 머무르는 습관을 길러야 합니다. 하루에 단 몇 분이라도 괜찮습니다.

저는 틈틈이 화분을 살피며 새로 나온 새싹이 있는지 잎사

귀가 좀 더 자랐는지 살펴봅니다. 제 마음이 온전히 식물에 주의를 기울이는 시간입니다. 막 꽃을 피운 풍란의 레몬 사탕 같은 향기를 맡기도 하고, 체리 세이지의 잎을 손으로 비빈 후 코에 갖다 대기도 합니다. 그 순간 기쁨을 느낍니다. 남편과 식사를 하거나 차를 마시는 순간도 온전히 그 시간을 느낍니다. 오후에 드립 커피를 내리며 순간을 느끼기도 하고, 밀대로 방을 쓱쓱 닦는 순간에 머물기도 합니다. 스트레칭을 하며 팔과 다리를 늘일 때 순산을 느끼고 무릎을 꿇고 기도할 때 순간에 머뭅니다.

우리에겐 각자 주어진 역할과 책임이 있기에 하루를 살다 보면 순간에 집중하는 시간을 갖기 어렵습니다. 영화 〈어바웃 타임〉에서 주인공 팀은 과거로 돌아가 인생을 살 수 있는 초능력이 있습니다. 시간을 되돌릴 수 있는 능력이 있는 거지요. 팀은 후회스러웠던 과거로 몇 번 돌아가 상황을 만회합니다. 하지만 마지막에 주인공이 선택하는 건 오늘을 산 후 다음 날 같은 하루를 다시 사는 것입니다. 인생의 순간순간을 즐기는 것이 최고의 시간 여행임을 깨달았기 때문입니다.

《생각의 역습》의 저자 최승호는 우리 뇌는 행복한 감정을 저축하지 않기에 행복의 강도가 아닌 빈도가 중요하다고 이야기합니다. 행복의 유효기간은 생각보다 짧으니 순간순간 기쁨을 누리도록 연습하라는 것이지요. 우리가 내일 죽는다면 평범한 오늘은 순식간에 달라질 것입니다. 우리가 내일부터 앞을 볼 수 없다면 오늘 보는 모든 풍경이 눈부시게 보일 것입니다. 우리가 내일부터 사랑하는 사람과 이별한다면 오늘 그를 대하는 태도는 한없이 다정할 것입니다. 오늘의 일상은 가장 평범하면서도 가장 특별합니다. 최선을 다해 맡은 바 일을 해야 하지만 잠시라도 순간을 즐기면 좋겠습니다. 현재에 충실할 때 우리는 죽음을 향해 달려가는 시간의 흐름에서 벗어나는 것 같은 기분을 느낄 수 있습니다.

3장. 마음 공부

인맥도
간소함이 필요하다

핸드폰을 열고 연락처를 살펴보세요. 몇 개의 전화번호가 등록되어 있나요? 그중에서 당장 전화를 걸어 안부를 물어도 어색하지 않을 지인은 몇 명인가요? 스무 명의 연락처만 저장할 수 있다면 누구를 선택하실 건가요? 내게 좋은 일이 생겼을 때 진심으로 기뻐해 줄 수 있는 친구를 자신 있게 고를 수 있나요?

살아가면서 어려운 일이 생겼을 때 도움을 줄 수 있는 사람이 주변에 있다면 분명 행운일 것입니다. 큰 병에 걸렸을 때 지인 중 의사가 있다면 도움이 되겠지요. 소송에 휘말렸을 때 지인 중 변호사가 있다면 조언을 얻을 수 있을지도 모릅니다. 그래서 인맥이 중요하다고 하는 것이겠지요. 하지만 어느 한쪽이 일방적으로 도와줘야 하는 상황이라면 불편한 관계가 되기 쉽습니다. 자신은 아무 도움을 줄 수 없으면서 자꾸 상대에게는 무언가 바라기 때문입니다. 정보 공유, 선물 등으로 관계가 시작되고 유지된다면 그 수단이 사라질 때 관계도 끝이 나는 경우가 종종 있습니다.

사업을 하는 사람이라면 인적 네트워크가 큰 자원이 됩니다. 하지만 자신이 그런 특수한 상황에 처해 있지 않다면 두루두루 인맥을 형성하려 애쓰기보다는 나와 잘 맞는 소수의 사람과 친밀한 관계를 맺으며 사는 것이 낫습니다. 나도 그에게 바라는 것이 없고 그도 나에게 바라는 것이 없는 담담하면서도 따뜻한 관계 말입니다. 그렇게 맺어진 관계는 내가 미래에 어떠한 형편에 처하든지 나를 있는 그대로 받아 주고 우정을 지속합니다.

저에게는 10년 이상 함께 우정을 나눈 친구 몇 명이 있습니다. 몇 명은 서울에 살아 한 달에 한 번 함께 영화를 보거나 밥을 먹을 수 있는 즐거움을 누립니다. 몇 명은 멀리 떨어져 있어 일 년에 한 번 만나기도 쉽지 않습니다. 하지만 제 마음엔 항상 그들이 있습니다. 친구가 만나자고 하면 다른 일정이 있더라도 조정하여 만나러 갑니다. 저와 함께 오랜 추억을 쌓아 온 특별한 친구들이니까요. 우정은 단번에 쌓아 올릴 수 없고 시간을 들여야 한다는 걸 나이가 들수록 알게 됩니다. 조금씩 신뢰를 형성해 가야 하는 것이지요.

생각만 해도 기분이 좋아지는 영화 한 편이 있습니다. 감독인 자크 타티가 직접 연기한 〈윌로 씨의 휴가〉인데요. 주인공 윌로 씨는 수줍게 핀 개나리처럼 사랑스러운 인물입니다. 여름 휴가철이 되어 윌로 씨는 노르망디 해안의 한 휴양지로 여행을 떠납니다. 그는 휴가지에서 만난 사람들에게 먼저 인사를 건네고 상대방에게 깍듯이 예의를 갖춥니다. 윌로 씨의 다정한 행동은 본의 아니게 자꾸 어긋나지만 그의 친절은 계속됩니다. 누구에게도 화를 내지 않는 순수한 윌로 씨의 모습을 보고 있으면 마음이 따뜻해집니다.

저도 윌로 씨처럼 다정하고 살가운 사람이 되고 싶습니다. 친구와 지속적인 관계를 맺기 위해서는 관대함과 개방적인 마음이 필요합니다. 아무리 친한 사이라 할지라도 나와는 전혀 다른 타인이기에 마음을 열어 놓지 않으면 사소한 것에 실망하거나 상처받을 수 있습니다. 다른 이와 내 삶의 일부를 함께 공유하며 살아간다는 건 모난 나의 모습을 둥글게 깎고 다듬어 가는 과정이기도 합니다. 좋은 관계는 서로의 에너지를 빼앗지 않습니다. 좋은 친구 사이라면 서로의 꿈을 응원하고 상대에게 긍정적인 자극을 줄 수 있어야 합니다.

제가 공을 들이는 또 하나의 관계는 가족입니다. 일본 감독인 기타노 다케시는 '아무도 보고 있지 않다면 어디에 갖다 버리고 싶은 존재'를 가족이라 정의하였을 정도로 가족은 어려운 관계입니다. 때로는 불편하고요. 우리는 가족을 속속들이 잘 알고 있다고 생각하거든요. 대부분의 사람들이, 태어나면서부터 성인이 될 때까지 서로 부대끼며 살아가니까요. 아이는 가족을 통해 타인과 함께 살아가는 법을 배우기에 그 과정에서 마찰이 생기는 건 당연합니다. 또한 가장 가까운 존재가 가족이기에 오히려 가족에게 소홀하기 쉽습니다. 저는 밖에서는 착하고 예의 바른 여성이지만 집에서는 엄마에게 반항하고 소리를 지르는 딸이 됩니다. 엄마는 나의 가족이니 애써 노력할 필요가 없다고 생각하는 것이지요.

하지만 저의 행동은 어리석습니다. 오랜 시간 함께 지내왔기에 가장 소중한 존재가 가족임을 잊어버린 겁니다. 머리로는 소중함을 인식하지만 늘 저와 가까이 있기에 대수롭지 않게 여기는 것일 수도 있습니다. 가족도 귀한 손님처럼 정성스럽게 대해야 합니다. 내 가족이 되어 주어 고맙고 감사하다는 마음을 가져야 합니다. 가족을 배려해야 합니다. 가족에게 무슨 고민이 있는지 관심을 갖고 살펴봐야 합니다. 우리가 잘 안다고 생각하지만 사실 가장 모르는 사람이 가족일 수 있습니다.

미워했던 가족 구성원이 있다면 용서하도록 노력해 보세

요. 원망스러운 마음이 드는 가족이 있다면 그에게 너무 큰 기대를 걸고 있기 때문인지도 모릅니다. 사랑하기에 바라는 것도 더 많은 것이지요. 하지만 사랑을 줄 때 되돌려 받을 것을 생각한다면 그건 사랑이 아닐지도 모릅니다. 아무 기대 없이, 가족을 있는 모습 그대로 인정하려는 노력이 필요합니다. 떨어져 산다면 정기적으로 가족의 안부를 묻고 시간을 내어 방문하는 것이 좋습니다. 가족을 챙기는 것이 의무는 아닙니다. 하지만 '바쁘니 다음에 가야지' 미적거리다가 어느 날 문득 보면 가족은 이미 멀어졌을 수도 있습니다.

저희 아빠는 올해 70세이십니다. 99세까지 사신다고 가정하면 30년 남으셨습니다. 한 달에 한 번 부모님을 뵈러 간다고 하면 일 년에 12번인데요. 30년에 12를 곱하면 360이 나옵니다. 제가 아버지보다 오래 산다고 가정한다면 아빠 얼굴을 볼 수 있는 기회가 360번밖에 남지 않았다는 뜻입니다. 잠시 뵙고 돌아오는 경우가 대부분이니 심지어 360일도 아닙니다. 30년 동안 아빠와 온전히 시간을 보낼 수 있는 날이 일 년도 채 되지 않는다고 생각하면 마음이 아파 옵니다. 가족과 떨어져 산다면 내가 앞으로 가족을 만날 수 있는 횟수를 계산해 보세요. 가족을 향한 애정이 급격히 솟아날지도 모릅니다.

사랑할 대상이 있으면 행복합니다. 사랑받는 것도 좋지만 사랑을 주는 게 기쁠 때가 더 많습니다. 지금 내가 가진 것이 적고 내세울 깃 하나 없다 해도 사랑하는 몇 명의 친구와 가족이 있다면 인생을 살아 나가는 데 큰 힘이 됩니다. 정서적 안정은 물질적 안정만큼 중요합니다. 어렵고 힘든 일을 만났을 때 친구와 가족이 나를 진심으로 걱정해 주고 위로해 준다면 다시 일어날 용기를 얻을 수 있습니다.

04

자존감이 올라가면
소비는 줄어든다

사랑받으려 노력하지 마세요. 내가 스스로를 사랑하기 전에는 누구도 나를 사랑하지 않습니다. 내 자신을 귀히 여기고 사랑할 때 상대방도 나를 존중하며 예의를 갖춥니다.

저는 얼굴이 까무잡잡한 편입니다. 엄마에게 물어봤더니 저를 임신했을 초기에, 그 사실을 몰랐던 지인들이 종종 믹스커피를 타서 주었다고 하더군요. 차마 거절도 못 하고 커피를 마신 엄마 때문에 진한 커피색 피부가 된 게 분명합니다. 명동 거리를 지나다 보면 상점 밖에서 호객 행위를 하는 직원이 다가와 다양한 외국어로 말을 겁니다. 저는 그럴 때마다 활짝 웃으며 고개를 끄덕이고 지나가지요. 하얀 피부를 아름답나고 여기는 사회에서 살아가려면 화장이 필요합니다. 아니면 '화장 따윈 필요 없어'라는 자신감이 있든지요.

"거울아, 거울아. 세상에서 누가 제일 예쁘니?" 동화《백설공주》속 왕비는 거울에게 묻습니다. "왕비님은 아름다우십니다. 그런데 세상에서 제일 아름다운 사람은 백설공주입니다." 거울이 대답합니다. 백설공주의 계모였던 왕비는 이미 아름다운 외모를 가지고 있었습니다. 충분히 만족할 만한 상황에서 다른 이와 비교하는 순간 기쁨은 사라지게 됩니다. 타인의 거울로 나를 바라볼 때 마음은 불안해지고 열등감에 사로잡힙니다. 태어날 때부터 죽을 때까지 우리는 비교를 당하고 비교를 합니다. 너는 왜 남들처럼 공부를 안 하니? 취업은 했니? 애인은 있니? 결혼은 언제 할 거니? 아이는 왜 안 갖는 거니? 승진은 언제 하니? 아파트 평수는 얼마니? 전세니 자가니? 어느 동네에 사니? 물려받을 재산은 있니? 끊임없이 궁금해하고 자신의 처지와 대비해 봅니다.

아주 오래전에는 우리 집뿐만 아니라 옆집 앞집 뒷집도 가난하기에 밥에 김치만 먹고 살아도 다들 그러려니 했을 것입니다. 멋지고 아름답고 부자인 사람들은 주로 텔레비전을 통해서만 볼 수 있었으니 상대적인 박탈감이 덜했을 것 같습니다. 하지만 이제는 이웃이 자신과 비슷한 형편임을 확인하더라도 안심할 수 없습니다. 인스타그램과 페이스북 같은 SNS

를 통해 나보다 훨씬 근사한 삶을 사는 타인의 일상을 쉽게 확인할 수 있거든요. 처음 인스타그램 계정을 만들고 접속하였을 때 깜짝 놀랐습니다. 연예인처럼 아름다운 여성이 너무 많았거든요. 여성인 제가 봐도 매력적인 사람들의 이미지가 끊임없이 올라왔습니다. '나는 어쩌면 좋지? 이제부터라도 화장을 해야 할까?' 진지하게 고민할 정도로 충격을 받았답니다. 아이라인 시술을 받은 게 이때입니다.

다행히 전 자존감이 높은 편입니다. 부모님이 저를 누구와도 비교하지 않고 키우셨거든요. 부작용도 있었는데요. 어른이 되어 큰 도시로 나와 보니 저보다 뛰어난 사람들이 너무 많아 충격을 받았습니다. 때로는 마음이 주눅 들 때도 있었지만 자존감이 있으니 다시 일어서게 되더군요. 자존감이 낮으면 나를 대변해 줄 무언가를 필요로 합니다. 명품 백이 될 수도 있고 고급 승용차가 될 수도 있습니다. 근사한 애인이나 좋은 학벌이 될 수도 있겠지요. 하지만 자존감이 높아지면 그런 것보다 나의 삶 자체에 더 집중하게 됩니다. 잠깐의 만족보다는 오래 지속되는 행복에 관심이 갑니다. 내면이 단단해질수록 남들이 나를 어떻게 평가할까에 대한 관심이 줄어듭니다. 그만큼 누군가에게 보이기 위한 소비도 줄게 되고요.

우리 모두는 한 명 한 명 개별적인 존재입니다. 자신의 삶을 유일하게 살아가는 단독자입니다. 내 인생이 다른 사람의 인생과 비슷하거나 같을 필요는 없습니다. 물론 타인의 시선을 전혀 신경 쓰지 않고 살아가는 건 불가능할지도 모릅니다. 하지만 의식해서 남에게 보여 주는 삶을 애써 살아갈 이유는 없습니다. 누군가 나를 사랑해 주지 않아도 괜찮습니다. 나보다 나를 더 사랑해 줄 사람이 누가 있겠어요? 나만의 고유한 힘을 가지고 있다면 내 삶의 주체로 살 수 있습니다.

05

영혼에게
밥은 주고 계신가요?

우리 내면의 영혼은 아름다움에 반응하고 영원을 사모합니다. 좋은 음악을 듣다가 혹은 책을 읽다가 가슴이 뛰고 눈물이 나는 건 영혼이 움직이고 있기 때문입니다. 내 영혼이 힘차게 살아 있도록 보살피는 행위는 자기 자신 외에는 누구도 대신할 수 없습니다.

남편이 물었습니다. "항상 궁금한 게 있었는데, 책을 꼭 많이 읽어야 좋은 거야?" 주말 저녁 소파에 앉아 책을 읽던 중이었습니다. "책에는 지혜가 담겨 있잖아." 간단히 대답하였습니다. "근데 너처럼 말하는 사람들은 책 읽는 걸 워낙 좋아하잖아. 나처럼 책만 읽으면 잠이 오는 사람한테 책을 읽어야 된다고 하는 건 좀 그렇지 않아?" 남편은 지금 제 독서를 방해하고 있습니다. "너와 좋은 걸 함께 나누고 싶어 그런 거야. 책에는 마음을 움직이는 뭔가가 있거든." 최대한 상냥한 목소리로 말해 주었습니다. "근데 난 책을 읽으면서 마음에 위안을 얻는다든가 깊이 깨달은 적이 한 번도 없었는데?" 남편은 지금 저와 한판 붙자는 것일까요? "야! 그건 네가 책을 깊게 안 읽어서 그래. 책이 말을 걸어오는 순간이 있을 테니 그때까지 나한테 말 시키지 마." "……."

왜 우리는 책을 읽는 것일까요? 왜 음악을 들으며 눈물을 흘리는 걸까요? 왜 그림을 보며 마음의 위안을 얻는 걸까요? 왜 신께 기도하는 걸까요? 밥을 먹고 일을 하고 잠을 자면 살 수 있는데 왜 그것만으로는 뭔가 부족하다는 느낌을 받을까요? 그건 우리 육체에 영혼이 깃들어 있기 때문이 아닐까요? 영혼은 신비로운 존재입니다. 영혼은 우리 몸 어디에 머무는 걸까요? 나의 영혼은 당신의 영혼과 어떻게 다를까요? 우리 몸이 쇠하여 죽게 될 때 그 안에 살던 영혼은 어디로 사라지는 걸까요? 다양한 답이 있겠지만 종교적 관점에서 보면 우리에게는 영혼이 있습니다.

영혼은 쌀밥을 먹지 않습니다. 사과와 빵도 먹지 않는 것 같아요. 그럼 영혼은 아무것도 먹지 않아도 살 수 있을까요? 살 수도 있지만 건강하게 자라지는 못할 것 같습니다. 분명 영혼이 섭취할 수 있는 양식이 있을 텐데요. 그중 하나가 예술이 아닐까 생각합니다. 알타미라 동굴 벽화는 현재 남아 있는 것 중, 가장 오래된 그림으로 알려져 있습니다. 물감도 없고 연필도 없던 선사 시대 때 사람들은 깊숙한 동굴 안쪽에 들소를 그려놓았습니다. 날카로운 나무와 뾰족한 돌을 사용해서요. 사냥하여 식량을 마련하지 못하면 꼼짝없이 굶어 죽을 수밖에 없던 척박한 환경에서도 그들은 그림을 그렸습니다. 어떤 의도로 그렸는지 알 수 없지만 의식주만으로는 해결되지 않는 어떤 갈급함을 느꼈기 때문일 겁니다.

우리는 손으로 영혼을 쓰다듬을 수 없지만 예술은 영혼을 어루만질 수 있습니다. 위대한 작품을 보고 듣고 읽으며 우리는 감명받습니다. 정확히 말하면 영혼이 감동하는 것이지요. 하지만 영혼은 눈에 보이지 않기에 잊고 살기 쉽습니다. 얼굴을 꾸미고 몸매를 가꾸고 신체의 건강에만 관심을 기울이다 영혼을 깜박하는 것입니다. 관심을 기울이지 않으면 영혼은 힘을 잃어 갑니다. 영혼이 조금씩 쇠약해져 갈 때 우리는 느낄 수 있습니다. 뭔가 허전하고 공허한 기분이 들거든요. 어려운 일도 없고 모든 게 평안하게 흘러가는데 눈물이 날 것만 같고 외로운 마음이 듭니다. 영혼이 시들어 가고 있기 때문입니다. 그때 영혼이 부르는 희미한 목소리를 놓치지 말아야 합니다. 시기를 놓치면 영혼은 딱딱하게 굳어 버릴지도 모릅니다.

영혼이 굳어 버리면 어떻게 될까요? 공허하고 답답한 마음이 들 때 더는 그 원인을 찾지 않게 됩니다. 그냥 인생은 원래 그런가 보다 생각하며 시선을 다른 곳으로 돌려 버리는 것이지요. 허전한 마음을 음식이나 물건으로 채우려 할지도 모릅니다. 누군가에게 의존하거나 사랑을 갈구할지도 모릅니다. 20대 때 제 영혼도 영양실조에 걸릴 뻔한 적이 있었습니다. 영혼이 빛을 잃으니 제 삶도 삐걱거렸습니다. 그 뒤로 영혼을 잘 챙기려 노력합니다. 음악을 듣고 성경을 읽으며 영혼을 차분히 만져 줍니다. 친구와 좋은 영화를 보러 가기도 하고 미술관을 둘러보며 대화를 나누기도 합니다.

"건강한 신체에 건강한 정신이 깃든다."라는 말이 있습니다. 이 문구는 고대 로마 시인 유베날리스가 쓴 풍자시의 일부인데요. 그 당시 로마인이 몸에만 신경 쓰는 걸 비판했던 시라고 합니다. '육체를 단련하는 데만 신경을 쏟는다면 어떻게 건강한 정신이 깃들겠는가?'라는 의미를 담고 있던 시가 와전되어 후대에 전해지게 된 것이지요. 건강한 신체. 건강한 영혼. 둘 다 중요합니다. 몸과 영혼이 균형을 이룬다면 우리는 그 에너지를 느끼며 살 수 있습니다. 영혼에게도 밥이 필요합니다.

3장. 마음 공부

06

산책은 공짜로 즐기는
최고의 여행

산책의 가장 큰 즐거움은 특별한 목적지가 없다는 데 있습니다. 어디든 원하는 대로 방향을 틀고 마음 내키는 대로 발걸음을 옮길 수 있습니다. 일상에서 누릴 수 있는 최고의 자유가 아닐까요?

저와 남편은 여행을 좋아합니다. 여행은 우리를 낯선 곳으로 데려가 그곳에서 자신을 객관적으로 볼 수 있게 합니다. 그곳에서 우리는 어디에도 속하지 않기에 홀가분하면서도 두려운 마음이 듭니다. 여행지에서는 우리와 전혀 다른 삶을 사는 이들도 만나게 됩니다. 놀라울 만큼 다양한 방식으로 살아가는 사람들을 보며 용기를 얻습니다. 나도 다르게 살 수 있겠구나 하는 사신감을 얻는다고나 할까요. 여행지에서는 모든 것이 새롭기에 시간의 밀도가 높아집니다. 평소 여행을 자주 하는 편이지만 돈과 시간을 따져야 하니 마음껏 다니지는 못합니다. 그래서 평소에는 돈이 들지 않는 동네 탐험을 떠납니다. 교통수단은 두 발입니다.

남편과 산책을 하며 나누는 대화는 집에서 하는 것과는 또 다른 새로움이 있습니다. 주변을 둘러보며 그로부터 받은 인상과 생각을 주고받기에 풍성한 대화가 오가게 됩니다. 주말은 지칠 때까지 걷는 편입니다. 예를 들면 부암동 사무소에서부터 걷기 시작하여 효자동을 지나 인사동까지 내려옵니다. 화랑과 미술관을 구경하며 종각까지 걸어 옵니다. 서점에 들러 책을 살펴본 후 명동으로 발걸음을 옮깁니다. 차를 한잔 마시고 남산 주위를 걸으며 서울역으로 발을 옮기면 해가 저뭅니다. 주중에는 저녁을 먹은 후 동네 하천을 따라 걷거나 동네 골목길을 돌아다닙니다. 물 위에 떠 있는 오리도 보고 한 발로 서 있는 왜가리도 봅니다. 간판이 바뀐 상점도 보고 부동산 앞에 놓여 있는 화분도 봅니다.

아무 목적 없이 복잡한 도시를 천천히 걸으며 상점을 둘러보고 건축물을 관찰하는 저희는 도시 산책자라 할 수 있습니다. '도시의 산책자'는 철학자 발터 베냐민의 사상과 밀접한 관련이 있습니다. 19세기 중엽 프랑스에서는 파리를 중심으

3장. 마음 공부

로 아케이드가 형성되었습니다. 아케이드는 상점과 상점 사이를 기둥과 둥근 지붕으로 연결하여 비와 추위로부터 보행자를 보호하는 아치형 건축물입니다. 아케이드 아래 들어선 상점에는 온갖 사치품이 진열되어 있었고 사람들은 그 길을 가로지르며 산책을 즐겼습니다. 베냐민은 유리창에 바짝 붙어 그 안을 들여다보는 군중의 행동과 표정에 주목하였고 건축물에 관심을 가졌습니다. 베냐민은 상품으로 가득 찬 도시를 비판적으로 바라보면서도 한편으로는 걷기를 즐겼던 도시의 산책자였습니다.

산책은 아무 목적이 없습니다. 산책은 그저 걷는 즐거움입니다. 걷기는 돈이 필요하지 않습니다. 환경을 해치지도 않습니다. 거리를 한가로이 걷다 보면 평소 바쁘게 흐르던 시간이 속도를 늦춥니다. 느린 발걸음에 맞춰 생각도 자유롭게 흘러갑니다. 몸을 움직이면 생각도 따라 움직입니다. 풀리지 않는 문제가 있을 때 걷다 보면 생각이 자연스레 정리되기도 합니다. 저는 대학원 석사 논문을 쓸 때 글이 막히면 밖에 나가 산책을 하며 논지를 검토하곤 하였습니다. 생각은 나뭇가지에 내려앉았다가 차 소음에 사라지기도 합니다. 무수한 생각이 걷는 속도만큼 뻗어나가고, 그러다 어느 순간 아이디어를 낚아채는 행운을 얻기도 합니다.

산책은 평소 무심히 지나치던 풍경을 들여다보게 합니다.

안양천에 있는 계수나무의 잎이 얼마나 자랐는지, 라일락꽃은 어디에 피어 있는지 관찰하게 됩니다. 떡집이 무슨 요일에 문을 닫는지, 칼국숫집이 어디로 가게를 옮겼는지 알 수 있습니다. 새로 생기는 상점이 카페일지 미용실일지 내부 인테리어 진행 상황을 보며 추측하기도 합니다. 쪼그려 앉아 담배를 피우는 세탁소 아저씨와 인사를 하고 싱싱카를 타는 이웃집 아이를 보며 손을 흔들기도 합니다. 아파트에 가려진 달을 찾느라 하늘을 기웃거리기도 하고 가로지르는 비행기를 보며 누가 타고 있을지 상상하기도 합니다.

집으로 돌아오는 길도 새롭습니다. 풍경의 반대쪽을 보게 되니까요. 산책을 나설 땐 최대한 가 보지 않은 길로 가려 하나 몇 번 지나다 보면 골목도 익숙해집니다. 그럴 땐 무언가 다른 걸 찾아봅니다. 어제는 늘 지나던 길에 있던 자목련나무의 키가 무척 크다는 사실을 새롭게 깨달았습니다. 나무는 오래전부터 그곳에 있었을 겁니다. 상점이 늘어선 좁은 골목에 홀로 우뚝 서 있는 나무를 바라보며 잠시 서 있었습니다.

기분 전환을 위한 가장 손쉬운 방법은 산책입니다. 산책은 맨손으로 나가면 되니 마음에 부담도 없습니다. 마음이 염려나 근심으로 넘실거린다면 흙탕물이 가라앉아 가만히 들여다 볼 수 있을 때까지 조용히 걸어 보세요. 최대한 발걸음을 늦춰 보세요. 지칠 때까지 걸어 보세요. 생각이 마음대로 떠

3장. 마음 공부

돌아다니도록 내버려 두세요. 걸으며 눈과 귀와 코로 들어오는 모든 것을 느껴 보세요. 홀로 걸을 때의 기쁨과 함께 걸을 때의 기쁨을 누려 보세요.

07

선(善)은 돌고 돌아
내게로 온다

누군가에게 선을 베푸는 건 기름진 땅에 좋은 씨앗을 심는
것과 같습니다. 씨앗은 싹이 트고 잎이 나며 열매를 맺습니
다. 열매가 풍성히 달린다면 바라보는 것만으로도 기쁨을 느
끼게 됩니다.

언젠가 충무로에서 3호선으로 갈아타기 위해 걷는 중이었
습니다. 통로는 매우 혼잡했는데 긴 계단을 막 내려가려는
중에 시각장애인 한 분이 눈에 띄었습니다. 다가가 인사한
후 도와드려도 될지 여쭤보았습니다. 그분께 제 팔꿈치를 잡
으시라고 한 후 그분 걸음에 맞춰 함께 천천히 계단을 내려
갔습니다. 저는 지하철을 타거나 환승을 할 때 주변을 잘 살

3장. 마음 공부

피는 편입니다. 어느 노선을 타야 할지, 어느 출구로 나가야 할지 몰라 난감해하시는 어르신이 계시면 살며시 다가가 도움을 드립니다. 짐을 잔뜩 들고 계단을 오르시는 분이 계시면 짐을 나누어 듭니다. 제가 지하철에서 주의를 기울이는 건 그곳이 조금이나마 타인에게 도움을 줄 수 있는 장소이기 때문입니다.

톨스토이가 쓴 단편 중 〈세 가지 질문〉이라는 글이 있습니다. 질문은 이것입니다. '가장 중요한 때는 언제인가? 가장 필요로 하는 사람은 누구인가? 가장 중요한 일은 무엇인가?' 답은 이렇습니다. 가장 중요한 때는 '바로 지금'이며, 가장 필요로 하는 사람은 '지금 함께 있는 사람'이고, 가장 중요한 일은 '내 곁에 있는 이에게 선을 행하는 일'입니다. 사랑하는 가족과 이웃에게 선을 베푸는 건 비교적 쉽습니다. 그들은 나와 연결되어 있고 나와 더불어 사는 공동체의 일원이니까요. 하지만 나와 전혀 관계없는 타인에게 선을 베풀려면 의지가 필요합니다. 시간을 내어 봉사하러 가고 수입의 일부를 떼어 정기적으로 후원하려면 결단이 필요합니다.

저는 선한 사람이 되고 싶고 선한 삶을 살고 싶지만 이기심 때문에 봉사와 정기적 후원은 번번이 뒤로 밀립니다. 복지관에서 몇 번 설거지를 하다 그만두었고 아이를 후원하다 직장을 그만두었을 때 후원도 멈추었습니다. 여러 경험을 통해

제가 깨달은 건 '사소한 것이라도 지금 도울 수 있을 때 돕자' 입니다. 언젠가 형편이 넉넉해지면 기부해야지 생각하지만 그 때가 되면 또 다른 문제가 터질지도 모릅니다. 언젠가 시간 여유가 되면 봉사해야겠다고 생각하지만 그때가 되면 몸이 따라주지 않을지도 모릅니다. 누군가를 돕는 건 지금 당장 할 수 있습니다.

'돕다'의 사전적 의미는 다양합니다. 남이 하는 일이 잘되 도록 힘을 보태는 것이 돕는 것이기도 하지만 서로 의지하는 것도 돕는 것입니다. 상대방을 도울 때 나도 그에게 받는 무 언가가 있습니다. 인간은 모두 서로를 의지하도록 연결되어 있고 남을 도울 때 기쁨을 얻습니다. 이 땅에 발을 딛고 살아 가는 우리 모두는 지구 공동체입니다. 베푸는 건 어렵지 않습 니다. 건물을 들어설 때 뒤따라 누군가 들어온다면 문을 잠 시 잡아 주는 일도 종업원에게 친절히 인사하는 것도 돕는 일입니다. 누군가 아프다는 소식을 듣는 순간 마음속으로 잠 시 기도하는 것도 돕는 일입니다. 길을 걷다 쓰레기통이 보이 면 주변에 떨어진 쓰레기 하나를 주워 통에 넣는 행위도 돕는 일입니다. 택배 기사님께 감사하다는 말 한마디를 건네고 길 을 걷다 낯선 아이와 눈이 마주칠 때 활짝 웃어 주는 것도 돕 는 일입니다.

저는 인간이라면 누구나 선한 마음이 있다고 생각합니다.

타인을 돕고 나누는 마음이 없었다면 인류가 지금까지 존속하는 것은 불가능했을 거라는 생각이 듭니다. 선한 행위는 우리가 좀 더 윤리적이고 존엄한 존재로 살 수 있게 합니다. 선은 돌고 돌아 다시 나에게로 옵니다. 저 역시 기억할 수 없을 만큼 수많은 이들의 도움과 친절을 받으며 지금까지 살아왔습니다. 그렇기에 친절을 갚을 수 있는 기회가 생기면 놓치고 싶지 않습니다. 미국의 유명 사회자이자 개그맨인 코넌 오브라이언은 2011년 다트머스 대학교 졸업식 축사 마지막에 이렇게 말했습니다. "Work hard, be kind, and amazing things will happen(열심히 일하고 친절을 베푸십시오. 그러면 엄청난 일이 생길 것입니다)." 다른 이들을 돕기 위해 오늘 내가 할 수 있는 일을 하기. 선을 베푸는 가장 쉬운 방법인 것 같습니다.

08

취미는 장비발이
아닌데요

취미 활동은 나의 에너지를 능동적으로 쏟아붓는 시간입니다. 무언가에 집중할 때 우리는 즐거움을 느끼고 현실의 걱정을 잠시 잊습니다. 남들이 보기에 사소하고 하찮은 취미라도 그 속에서 큰 만족을 얻는다는 걸 알기에 개의치 않고 몰입할 수 있습니다.

저는 취미가 다양한 편입니다. 클래식과 재즈 듣는 걸 즐겨하고 미술관에서 그림 보는 걸 좋아합니다. 고전 영화를 찾아보고 숨 쉬는 것처럼 매일 책을 읽습니다. 그러다 동갑인 남자친구(현재의 남편)를 만나 연애하게 되었는데요. 남자친구의 취미는 무엇이었을까요? 아무것도 없었습니다. 애써 찾아

보자면 산책을 하며 사색에 잠기는 취미가 있다고 해야 할까요? 저는 그때 백지처럼 머릿속이 깨끗했던 남자친구를 보며 오히려 잘됐다는 생각을 했던 것 같습니다. 제 취미를 은근슬쩍 물들일 수 있을 테니까요.

아녜스 자우이 감독이 만든 〈타인의 취향〉은 우리에게 취향에 대한 질문을 던집니다. 주인공 카스텔라는 기업체 사장으로 예술에 전혀 관심이 없습니다. 어느 날 조카가 단역으로 출연하는 연극에 마지못해 참석하게 된 카스텔라는 배우들의 연기를 보며 감동을 받게 됩니다. 카스텔라는 연극을 다시 보러 가고 여주인공 역을 맡은 배우가 평일에 자신에게 영어를 가르치던 클라라라는 사실을 알게 됩니다. 카스텔라는 클라라에게 연극이 감동적이었다고 얘기하나 그녀는 그를 무시합니다. '나는 너와 수준이 달라. 그러니 이쪽으로 넘어오지 마.' 같은 오만한 눈빛과 행동으로 카스텔라를 비웃습니다.

철학자 피에르 부르디외가 지적한 것처럼 취미를 자신과 남을 구별하는 잣대로 삼을 수도 있습니다. 때로는 타인의 취미가 너무 고상하거나 지루하다고 여길지도 모릅니다. 나만의 취미를 갖고 취향을 고수하는 건 오해와 참견을 불러일으키기도 합니다. 그럼에도 나만의 취미를 갖는 건 꽤 멋진 일입니다. 무언가에 관심이 생기면 그 대상을 깊이 알수록 즐거워지거든요. 우리는 취미를 통해 즐거움을 누립니다. 취미는 곧 놀이입니다. 취미에 시간을 쏟을 때 우리의 마음과 태도는 능동적이게 됩니다. 취미에 집중함으로써 살림이나 일로부터 받는 스트레스가 사라지기도 합니다. 처음엔 별 생각 없이 취미를 시작했을지라도 어느 순간 배우는 것만으로는 만족이 되지 않습니다. 취미는 궁극적으로 나 자신을 표현하고 싶은 욕구로 표출됩니다.

취미생활을 하려면 돈이 필요하다고 하는데요. 지속적으로 많은 돈이 들어가는 취미는 부담이 됩니다. 육체적으로도 너무 무리가 된다면 중간에 그만둘 확률이 높습니다. 저는 취미를 선택할 때 비용은 얼마나 드는지, 나이가 들어서도 꾸준히 할 수 있는지 등을 생각합니다. 일 년 전 김혼비의《우아하고 호쾌한 여자 축구》를 읽은 후 저도 축구선수처럼 튼튼한 허벅지를 갖고 싶었습니다. '그래, 마라톤을 해야겠어. 달리는 건 공짜니까.' 그날부터 근처 축구장을 뛰기 시작했습니다. 2주간 매일 8㎞를 뛰었더니 오른쪽 무릎이 아파 왔습니다. 걷기가 불편할 정도의 아픔이라 정형외과에 가서 엑스레이를 찍었습니다. 의사 선생님께서 제 연골 사진을 보시더니 제 나이에 달리기 같이 무리한 운동을 하게 되면 연골이 금방 닳으니 뛰지 말고 걸으라고 하시더군요. 특히 저는 남들보다 연골이 얇고 연골은 한번 닳으면 끝이니 조심하라고 협박까지 하셨습니다. 그 뒤로 과격한 달리기는 하지 않습니다.

세상의 모든 취미에는 그와 호응하는 장비의 세계가 있습니다. 새로운 취미를 시작할 때 의욕이 넘치다 보면 어느덧 도구의 나라로 빠져듭니다. 저는 마시는 차에 관심이 많습니다. 혹시 홍차와 보이차의 세계에 발을 담가 보셨나요? 수백 가지 종류의 차가 있습니다. 하나를 맛보면 두 개를 맛보고 싶고 세 개를 갖고 싶습니다. 다회에 참석해 가만히 얘기를 들어 보면 많은 분들이 이미 평생을 마셔도 남을 만큼 많은 차를 소장하고 계십니다. 그것으로 끝일까요? 차를 우리고 담는 다기의 세계 역시 우주만큼 넓습니다.

취미를 하다 보면 자칫 본질을 잊을 수 있습니다. 처음 자전거를 타기로 마음먹었을 땐 안전모와 하이브리드 자전거 한 대면 충분했는데 자전거를 타다 보니 다른 자전거가 눈에 들어옵니다. 접히는 자전거가 한 대 있으면 좋겠고 로드 자전거도 필요할 것 같습니다. 자전거용 안경이 필요하고 자전거용 신발도 필요합니다. 물론 모든 걸 다 갖추고 시작하면 취미를 즐기는 데 도움이 될 수도 있습니다. 하지만 뭔가를 시작한 후 일 년 만에 흥미를 잃어버리면 어쩌지요? 나에게 꼭 맞는 취미라 생각하여 완벽한 장비를 갖추고 시작했는데 하다 보니 몸이 따라 주지 않으면 어쩌지요? 취미를 새로 시작하면 대부분 일 년 이내에 그만둘 가능성이 매우 높습니다. 그러니 몇 년 정도는 최소한의 물건만 갖추고 취미를 가볍게 즐겨 보세요. 오랜 시간 꾸준히 해 봤더니 나에게 잘 맞고 평생 즐길 수 있을 것 같다는 확신이 들면 그때 장비의 세계로 진출해도 늦지 않습니다. 장비도 시간이 지날수록 단점이 개선되고 품질은 좋아지니 최대한 나중에 구매하는 게 유리할 수 있습니다.

09

죽을 때 후회하는
한 가지

우리는 매일 죽음에 조금씩 가까워집니다. 죽음과 맞서 이길 수 있는 사람은 아무도 없습니다. 아침에 눈을 뜰 때마다 아직까지 내가 살아 있다는 사실에 놀라워하고 감사해야 합니다. 살아있음은 기적입니다.

한스 홀바인이 그린 〈대사들〉이란 작품이 있습니다. 두 남자가 근엄하게 서 있는 모습인데요. 화려한 옷을 입은 왼쪽 남자는 정치인이자 외교관이고 오른쪽 남자는 로만칼라가 달린 옷을 입은 사제입니다. 두 인물 주변에 무심히 놓여 있는 해시계, 천구의, 류트, 찬송가집 등의 소품은 그들이 부유층이거나 지식인임을 알려 줍니다. 그런데 가만히 보면 두 사람 발밑에 뭔가 길쭉한 물체가 가로질러 있습니다. 대체 서선 뭘까요? 그림을 조금 회전시켜 보니 어렴풋이 형체가 보입니다. 아, 해골이군요. 두 권력자 사이에 해골을 그려 넣은 홀바인의 그림은 세상의 어떤 권세와 부귀라도 죽음 앞에서는 헛되다는 사실을 일깨워 줍니다.

메멘토 모리(Memento mori). '네가 죽을 존재임을 잊지 말라'는 뜻의 라틴어인데요. 고대 로마 시대에 전쟁을 승리로 이끈 장군이 시가행진을 하면 노예가 뒤를 따르며 이 말을 속삭였다고 합니다. 지금은 천하를 다 얻은 것 같은 기분이지만 죽음을 생각하며 겸손하라는 의미였겠지요. 우리는 언젠가 반드시 죽으리라는 사실을 자주 잊습니다. 젊을 때는 거의 생각조차 하지 않습니다. 아직 살아갈 날이 살아온 날보다 많기 때문입니다. 하지만 서른이 되고 마흔이 가까워지면 죽음에 대해 생각해 볼 수 있는 계기가 조금씩 생겨납니다. 부모, 친척, 지인이 하나둘 세상을 떠나기 때문입니다.

태어난 순서대로 죽는다면 좋겠지만 죽음은 그런 식으로 오지 않습니다. 중병에 걸렸다면 남은 시간 동안 주변을 정리하고 사랑하는 가족과 함께 할 기회가 있을 것입니다. 죽음이 우리에게 베푸는 마지막 친절일 수도 있겠네요. 하지만 때로 죽음은 느닷없이, 단번에, 무작위로 인간에게 다가옵니다. 1분 후 나는 심장마비로 죽을 수도 있습니다. 골목을 건너다 차에 치여 즉사할 수도 있습니다. 수술을 받다 의료사고로 죽을 수도 있습니다. 상상하는 것조차 무섭지만 많은 죽음이 그렇게 찾아옵니다.

죽음을 앞둔 이들에게 무엇이 제일 후회되느냐고 물었을 때 응답한 내용을 살펴보면 인종과 국적을 불문하고 거의 비슷한 통계를 보입니다. "더 많이 사랑하지 못한 게 후회돼요." "고맙다고 말하지 못한 게 후회돼요." "그토록 미워한 게 후회돼요." 그들은 살아 있을 때 가족과 친구에게 더 많은 시간을 쏟지 못했다는 사실을 통탄합니다. 죽어 가며 고백했던 그들의 말을 지금 살아 있는 우리는 귀담아들어야 합니다. 죽음과 마주할 때 우리는 성공하지 못했거나 높은 지위에 오르지 못한 걸 슬퍼할 수도 있습니다. 하지만 수많은 이들의 고백을 참조해 보자면 죽을 때 우리가 애통해할 가능성이 가장 많은 건 정서적인 부분입니다.

저는 이것이 신이 인간에게 내린 축복 중 하나가 아닐까 생각합니다. 사랑해. 고마워. 미안해. 진심을 담아 사랑의 언어를 말하는 데는 돈이 전혀 들지 않거든요. 심지어 아름다운 말은 하면 할수록 나도 좋고 상대방도 좋아집니다. 다만 이러한 애정 표현은 평소 시간을 들여 쌓아 가야 하는 행위입니다. 죽을 때 후회하지 않으려면 매일 사랑과 감사를 표현하는 것이 현명합니다. 미워하는 가족이 있다면 먼저 섭섭한 마음을 솔직하게 고백해 보세요. 당신 때문에 상처를 받았고 고통을 겪었다고 말해 보세요. 상대방에 대한 미움을 인정하고 털어놓아야 용서하는 마음도 사랑하는 마음도 생길 수 있습니다.

죽는다면 수목장을 하고 싶으신가요? 화장을 하고 싶으신가요? 죽음 후 내 육체를 어떻게 처리할 것인지 소유물은 누구에게 나눌 것인지 생각해 보는 것도 필요합니다. 저희 부모님은 오래전 사후 방식으로 기증을 선택하셨고 유언장도 작성해 놓으셨습니다. 저도 부모님처럼 죽음을 준비해 놓아야겠다는 생각이 듭니다. 죽은 후의 영원은 우리가 살아서는 경험할 수 없는 미지의 세계입니다. 우리가 알고 경험할 수 있는 건 오직 현재의 삶입니다. 그러므로 살아 있는 날들을 어떻게 충실하게 살아가다 잘 죽을지 생각하며 살아야 합니다.

사서삼경 중 하나인 《대학(大學)》 2편 2장에는 '일일신우일신(日日新又日新)'이라는 문장이 나옵니다. 매일매일 새롭게 하고 또 매일 새롭게 하라는 뜻인데요. 죽음을 묵상할 계기가 생길 때마다 매일 새로운 마음으로 새롭게 살아야겠다는 의지가 생깁니다. 살아 있는 매 순간 사랑과 고마움을 표현하며 살아야겠다는 다짐을 합니다. 열심히 최선을 다해 살되 내가 정한 삶의 우선순위를 잊지 말자고 결심하게 됩니다.

엘리자베스 퀴블리 로스는 호스피스 운동의 대모로 불리

는 정신과 의사입니다. 그녀는 세계 최초로 호스피스 운동을
펼쳤고 죽어 가는 이들과 깊은 교감을 나누었습니다. 로스의
마지막 저서 《인생수업》은 죽음을 앞둔 수백 명의 사람들을
인터뷰한 책입니다. 책의 마지막 구절은 이렇습니다. '삶의 마
지막 순간에 바다와 하늘과 별 또는 사랑하는 사람들을 한
번만 더 볼 수 있게 해 달라고 기도하지 마십시오. 지금 그들
을 보러 가십시오.' 우리가 행복할 때는 지금 이 순간입니다.
미래의 행복을 꿈꾸며 전진하되 지금 가능한 행복을 놓쳐서
는 안 됩니다.

10

긍정의 말은
나를 살립니다

어떤 말은 사람을 살리기도 하고 죽이기도 합니다. 말에는 자생력이 있어 발화되는 순간 나의 통제를 벗어납니다. 내가 뱉은 말이 날카로운 검이 되어 나를 찌르고 상대방을 해하지 않도록 조심해야 합니다.

민수(가명)라는 아이가 있습니다. 민수가 중학교 2학년이 되었을 때 선생님은 학생들에게 독후감 숙제를 내 주셨습니다. 민수는 책 한 권을 골라 줄거리만 대충 읽은 후 감상문을 썼습니다. 독후감을 제출한 학생은 민수뿐. 어쩔 수 없이 선생님은 민수에게 상을 주며 말했습니다. "넌 어쩜 그렇게 글을 못 쓰니?" 2학기가 되자 선생님은 학생들에게 다시 독후

감 숙제를 내 주셨습니다. 이번에는 민수를 비롯한 여러 학생이 숙제를 제출하였습니다. 하지만 민수는 반장이라는 이유로 한 번 더 상을 받게 됩니다. 선생님은 민수에게 상장을 주며 이렇게 말했다고 합니다. "넌 어쩜 그렇게 글을 못 쓰니?"

민수는 제 남편이고 위 내용은 실화입니다. 남편은 지금도 글 쓰는 걸 두려워합니다. 25년이 지났는데도 선생님 말씀이 마음에 남아 있기 때문입니다. 말은 생명력이 있습니다. 우리가 살면서 듣는 수많은 말 중 일부는 마음속에서 평생을 살아 있기도 합니다. 만약 선생님이 남편에게 '조금 더 노력하면 멋진 글을 쓸 수 있을 거야'라고 말해 주었다면 얼마나 좋았을까요. 꼼꼼하고 성실한 남편은 좋은 작가가 되었을지도 모릅니다.

언어는 사람의 육체를 뚫고 들어가 마음에 머무릅니다. 더 무서운 건 말로 표현하지 않아도 상대방이 나의 마음을 느낄 수 있다는 점입니다. 뇌파는 뇌 속에 있는 신경 세포들이 서로 신호를 전달하며 발생하는 전기적 파동입니다. 길을 걷다 미워하던 사람과 마주쳤다고 합시다. 말없이 지나치더라도 뇌는 재빨리 내 속생각을 읽은 후 미세한 파동 에너지를 그에게 보냅니다. '나는 네가 정말 싫어.' 눈빛만 봐도 그 사람이 나를 싫어하는지 좋아하는지 단박에 알 수 있는 이유가 여기에 있습니다. 살아 있는 모든 존재는 고유의 파동을 가지고 서로 에너지를 주고받기 때문입니다.

2010년 뉴욕 현대미술관에서 예술가 마리나 아브라모비치는 '예술가가 여기 있다(Artist is Present)'라는 행위 예술을 펼쳤습니다. 의자에 앉은 작가가 맞은편에 앉은 관객을 말없이 1분간 바라보는 퍼포먼스였는데요. 736시간 동안 850만 명의 관객이 미술관을 찾았을 정도로 세계적인 반응을 얻었습니다. 아브라모비치 앞에 앉은 관객은 생전 처음 보는 예술가에게 눈빛으로 비밀을 털어놓기도 하였고 말없이 눈물을 흘리기도 하였습니다. 그녀 역시 묵묵히 이를 들어 주고 눈빛으로 대답할 뿐이었습니다. 눈빛과의 대화, 눈빛과의 소통의 중요성을 잘 보여준 퍼포먼스라 생각합니다.

누군가에게 말을 할 때 주의를 기울여야 하는 더 중요한 이유가 있습니다. 나의 언어가 상대방뿐 아니라 나 자신에게도 영향을 끼치기 때문입니다. 과학자들에 따르면 인간의 뇌는 자신이 사용하는 언어에 따라 사고한다고 합니다. 긍정적 언어를 쓰는 사람은 뇌가 긍정적인 방향으로 변한다고 합니다. 부정적 언어를 사용하면 뇌 역시 부정적으로 구조화됩니다. '속상해'라고 말하는 순간 뇌는 그 말을 인식하고 스트레스 호르몬을 분비하여 몸속 장기가 상처를 입는 것처럼 마음이 상하게 됩니다. '짜증나'라고 말하는 순간 똑똑한 뇌는 분노를 인식하고 우리 마음을 무기력하게 합니다. 그러므로 불평의 언어를 습관적으로 사용한다면 평소에 의도적으로 감사의 언어를 사용할 필요가 있습니다. 남을 위해서이기도 하지만 궁극적으로는 나를 살리기 위해서입니다.

나에게 긍정적인 말을 해 주는 사람이 아무도 없을 수도 있습니다. 모두가 나를 비난하거나 그 일은 불가능하다고 말할 수도 있습니다. 그럴 때는 스스로에게 말해 주면 됩니다. '나는 잘 해낼 수 있어.' '나는 꼭 성공할 거야.' '나는 가장 멋진 사람이야.' '나는 이 상황을 이겨낼 거야.' 혼잣말로 자꾸 중얼거리다 보면 정말 할 수 있다는 생각이 듭니다. 절망에 빠졌거나 일어날 힘이 없을 때는 스스로를 격려하고 긍정의 말을 해 주어야 합니다.

아름다운 언어는 나와 상대의 관계를 다정하고 부드럽게 만들어 줍니다. 긍정적 언어는 뇌의 전두엽과 측두엽을 활성화시킨다고 합니다. 만약 제가 남편에게 진심을 다해 '고마워'라고 말하면 남편의 뇌는 그 단어를 듣자마자 쾌락과 의욕을 높이는 물질인 도파민을 분비하라고 명령합니다. 남편은 행복한 감정과 자기만족감을 느낍니다. 동시에 뇌에서는 옥시토신이 분비되는데요. 옥시토신은 친밀감과 애정을 품게 만드는 호르몬입니다. 남편은 고맙다는 말을 건넨 제게 호감을 가지며 친밀감을 느끼게 됩니다.

말은 발화되는 그 즉시 움이 트고 싹이 납니다. 저희 부모님은 평소에 상대방에게 감사하다는 표현을 잘 하십니다. 특히 아빠는 '감사, 감사'라고 혼잣말도 자주 하시는데요. 어느 날 엄마가 부엌에서 설거지를 하며 혼잣말로 '감사, 감사' 하는 걸 발견하고 웃은 적이 있습니다. 아빠의 언어가 엄마의 마음에 들어가 싹이 트고 활짝 피어난 것이지요. 평소 우리가 뱉는 말이 꽃씨처럼 아름다운 말이면 좋겠습니다. 내가 가족 중 한 사람에게 격려와 사랑의 말을 베풀면 그 언어는 가족 구성원에게 천천히 펴져 갑니다. 가족은 집에서 받은 사랑의 언어를 친구와 직장 동료에게 전달하게 되고 그 말은 사회를 따뜻하게 물들입니다. 사회가 따뜻해지면 그 속에서 살아가는 나 역시 유익을 얻게 되니 하루에 한 번이라도 좋은 언어를 여기저기 심어 놓는다면 언젠가는 그 열매를 수확할 날이 옵니다.